Ravensburger Freizeit-Taschenbücher Band 109

Janet Browne
und Brian Ward

Wir pflanzen und pflegen Ziersträucher und Bäume

Otto Maier Verlag
Ravensburg

Deutsche Erstausgabe
Die Originalausgabe erschien unter dem Titel
»Garden shrubs and trees« bei Macdonald Educational Ltd.
(ISBN 0 356 06035 7)

Ins Deutsche übertragen von Irmgard und Nadja Kneißler
Umschlagfoto: Atelier Franz Lazi, Stuttgart
Gesamtherstellung: Appl, Wemding
Printed in Germany

86 85 84 83 82 5 4 3 2 1

ISBN 3-473-43109-5

Inhalt

Die Pflanzensammler

Seit Jahrtausenden werden Bäume und Sträucher von Menschen gepflanzt, und dank leidenschaftlicher Sammler, die die Welt auf der Suche nach unbekannten Arten durchstreiften, stehen heute Hunderte von Ziergehölzen für kleine und große Gärten zur Verfügung. Woher stammen diese Gewächse, und wie gelangten sie zu uns? Leider ist aus den frühesten Zivilisationsräumen nur wenig bekannt, welche Gehölze dort von Menschen angebaut und woher sie eingeführt wurden. Erst vor 5000 Jahren begannen im Nahen Osten Sammler die aus fern von ihrer Heimat liegenden Ländern mitgebrachten Pflanzen zu registrieren.

Die frühen Pflanzensammler

Die ersten Pflanzensammler waren wahrscheinlich ägyptische Pharaonen und Königinnen. Der Pharao Sankhara zum Beispiel schickte Handelsexpeditionen das Rote Meer hinunter zum Golf von Aden und in andere Gebiete des Nahen Ostens. Sie kehrten mit schönen und nützlichen Pflanzen zurück, die schließlich im Niltal heimisch wurden. 1482 v. Chr. sandte Königin Hatschepsowet fünf Schiffe nach dem Lande Punt am Roten Meer, um Weihrauch zu holen. Nach ihrer Rückkehr wurden 31 Bäume in den Tempelgärten Thebens kultiviert. Einige Jahre später kehrte Thutmosis III., Nachfolger, Gemahl und Stiefbruder der Königin, mit noch mehr Pflanzen aus Syrien zurück. Davon sind 275 an den Wänden seines Botanischen Saals im Tempel von Karnak abgebildet, von denen die meisten allerdings nicht identifiziert werden konnten.

Zwischen dieser Zeit und dem 4. Jahrhundert v. Chr. brachten wahrscheinlich Gewürzhändler Pflanzen in fremde Länder oder von dort zurück. Während der Römerzeit wurden Pflanzen recht großzügig und unkontrolliert über ganz Europa verbreitet. Besonders blühte der Handel mit Rosenbüschen aus Griechenland, Persien und Afghanistan; Gewächse wie die Platane, die Linde, die Damaszener Pflaume und der Maulbeerbaum waren überall wohlbekannt.

Das Mittelalter

Bis zum 11. und 12. Jahrhundert unserer Zeitrechnung wurden hauptsächlich Pflanzen mit heilkräftiger Wirkung eingeführt. Als Folge der Kreuzzüge tauchten zum erstenmal Orangen- und Granatapfelbäume, Zedern, Zypressen, Olivenbäume und Myrten auf. Kurze Zeit später begann Albertus Magnus (1193–1280) in großen Gebieten Europas Pflanzen systematisch zu beobachten und zu registrieren und wurde durch seine wissenschaftliche Arbeit wohl zum ersten Botaniker.

Die Renaissance-Zeit

Dieses neu erwachte Interesse an Pflanzen steigerte sich im 15. und

16. Jahrhundert, als auch andere Arten als die in den Kräutergärten der Klöster üblichen kultiviert wurden. Zu den Pflanzensammlern und Botanikern jener Zeit gehörten die Deutschen von Cube, Brunfels und Fuchs, der Schweizer Gessner, der Engländer William Turner, der Italiener Pier Mattioli, der Flame de Busbecq und die Holländer Clusius, Dodonaeus und Lobelius. Es entstanden die ersten botanischen Zentren, zuerst in Padua, dann in Basel, Straßburg, Bonn, Köln und Bologna, und der Pflanzenim- und -export zwischen verschiedenen europäischen Ländern nahm zu.

»Das goldene Zeitalter der Botanik«

Nach einem Abklingen im 17. Jahrhundert fand die Botanik im 18. Jahrhundert viel Interesse und neue Anhänger. Diese Zeit wird wegen der systematischen Pflanzenuntersuchungen, Klassifizierungen und der botanischen Experimente als »das goldene Zeitalter der Botanik« bezeichnet. Aufgrund verbesserter Verkehrsmöglichkeiten und dank königlicher und reicher Mäzene konnten die Botaniker Pflanzen in weit entfernten Gebieten suchen und eingehend studieren. Viele Arten wurden botanischen oder privaten Gärten und auch an Baumschulen übergeben. Außerdem fand auf dem Seeweg zwischen den Sammlern ein reger Pflanzenaustausch statt, so daß sich bald in den Gärten der Welt Gewächse aus allen Ländern fanden.

Viele Pflanzen überlebten jedoch die lange Reise zu Land oder Wasser nicht; denn man kannte noch keine Methode, sie vor den enormen Klimaunterschieden zu schützen. Samen hatten bessere Überlebenschancen, denn die ersten Gewächshäuser, die sogenannten »Orangerien«, wurden gebaut, in denen die Pflanzen unter Bedingungen gezüchtet wurden, die denen ihrer natürlichen Umgebung möglichst ähnlich waren.

Vom 18. Jahrhundert an gab es so viele Botaniker, daß man sie unmöglich alle namentlich aufführen kann. Beim Pflanzenaustausch zwischen Nordamerika und England spielte John Bartram, an dessen botanische Gärten heute im Philadelphia Park in der Nähe des Schuykill Rivers erinnert wird, eine große Rolle. Auch Philbert de Commerson aus Frankreich unternahm ausgedehnte Reisen. Es wird angenommen, daß er als erster die *Hortensia hydrangeas* einführte. Er rühmte sich, Tausende von Pflanzen in Australien, Südamerika, Mauritius und Madagaskar zu kennen. Zur selben Zeit war Linnaeus (Carl von Linné) aus Schweden in Nordeuropa aktiv. Linné, der »Vater der modernen Botanik«, war es, der eine Auflistung aller Pflanzen erstellte und das Binominalsystem einführte (s. S. 20), das auch heute noch verwendet wird.

Gegen Ende des Jahrhunderts gelang es einigen, wie zum Beispiel dem Engländer Cunningham, dem Schweden Thunberg – aber auch Missionaren oder Angestellten von Handelsniederlassungen –, trotz des strengen Verbots der Chinesen und Japaner einige Pflanzen aus diesen Ländern hinauszuschmuggeln, unter anderem *Berberis thunbergii* (Berberitze), Kamelien, Päonien und Azaleen.

Das 19. und 20. Jahrhundert

An den Botaniker Davis Douglas aus Schottland, der seine Forschungen hauptsächlich in Amerika betrieb, erinnert vor allem die Douglas-Tanne, *Abies grandis,* die er 1830 in Europa einführte. Er ist auch bekannt für die Einfuhr anderer Bäume, zum Beispiel von Acer, Arbutus und Pinus. Douglas war der letzte bekannte Botaniker, bei dem der Transport von Pflanzen noch problematisch war, da die Reise auf dem See- oder Landweg voller Gefahren steckte; um so erstaunlicher, daß trotzdem viele Pflanzen überdauerten. Nach der Erfindung der Terrarien oder »Wardschen Kisten« (benannt nach Dr. Nathaniel Ward, der entdeckte, daß sich Pflanzen in einem verschlossenen Glasgefäß unbegrenzt lange halten) überstanden Büsche und Bäume auch lange Reisen unbeschädigt.

Von nun an begann auf der ganzen Welt ein reger Pflanzenaustausch. Selbst China und Japan öffneten den botanischen Expeditionen ihre Grenzen, so daß die meisten eingeführten neuen Arten aus dem Fernen Osten kamen. Der Deutsche von Siebold zum Beispiel führte die Zaubernuß *(Hamamelis),* die Stechpalme *(Ilex)* und die Glyzinie *(Wisteria)* ein; der Schotte Robert Fortune brachte etwa 120 neue Arten und Sorten nach England, darunter Heckenkirsche *(Lonicera),* Forsythie, Rhododendron und Skimmia. Drei weitere bekannte Botaniker, die man nicht vergessen sollte, sind Ernest Wilson, der die meiste Zeit seines Lebens in Amerika verbrachte, George Forrest, der mehr als 300 neue Rhododendronarten einführte, und Frank Kingdon-Ward, der etwa 100 weitere Rhododendren importierte. Andere bekannte Pflanzen, die diese drei Forscher entdeckten sind Sommerflieder *(Buddleia),* Waldrebe *(Clematis),* Hartriegel *(Cornus)* und Johanniskraut *(Hypericum).*

Noch heute werden in der ganzen Welt neue Pflanzengattungen und -arten entdeckt, wenn auch nicht mehr ganz so viele wie früher; aber des allgemein großen Interesses am Anbau von Bäumen und Sträuchern wegen liegt der Schwerpunkt heute bei der Pflanzenzüchtung und der Entwicklung neuer Sorten und Hybriden, die den örtlichen Bedingungen besser angepaßt sind.

Linnaeus (1707–78) wurde an der Universität Uppsala (Schweden) nach seiner Veröffentlichung von »Species Plantarum«, in der er das System doppelnamiger Pflanzennomenklatur einführte, als »Vater der modernen Biologie« bekannt.

Die Wurzelhaare dringen zwischen die Bodenpartikel (**1**) *und absorbieren Nährstoffe aus dem dünnen Wasserfilm, der sie bedeckt. Von den Wurzeln aus steigt die Flüssigkeit durch Hohlgefäße im Stengel oder Stamm nach oben* (**2**). *Das Wasser verdunstet durch winzige Öffnungen, die sogenannten Stomata, an der Blattunterseite* (**3**), *und die darin enthaltenen Nährstoffe produzieren unter dem Einfluß des Sonnenlichts die Zucker, von denen sich die Pflanze ernährt.*

3

Die Biologie der Bäume und Sträucher

Bäume und Sträucher für den Garten gibt es in jeder denkbaren Größe, angefangen beim bis zu 7 m und höher werdenden alleinstehenden Baum bis zu winzigen Bodendeckern oder alpinen Arten, die ihrem Ursprung äußerlich überhaupt nicht mehr ähneln. Ein Baum hat, fachlich gesprochen, einen oder mehrere verholzte Stämme; in Bodenhöhe einen einzigen Stamm, der sich aber sehr bald verzweigen kann. Ein Strauch dagegen hat mehrere verholzte Stämme. In der Praxis ist diese Unterscheidung jedoch unwesentlich. Einige sehr große Sträucher entwickeln baumähnliche Proportionen, umgekehrt verzweigen sich manche Bäume so dicht über dem Boden, daß ihr Stamm kaum noch erkennbar ist.

Bäume und Sträucher unterscheiden sich im Prinzip nicht von anderen blühenden Pflanzen, der Aufbau aus Blättern, Stengeln (Stämmen) und Wurzeln ist der gleiche. Je mehr man von ihrem Leben weiß, desto besser kann man die zu ihrer Gesunderhaltung nötigen Maßnahmen verstehen. Außer der parasitären Mistel sind alle Bäume und Sträucher im Erdreich verwurzelt. Der Durchmesser des Wurzelwerks entspricht etwa der Höhe des Gewächses. Die Tiefe, in die die Wurzeln vordringen, hängt von der Strauch- oder Baumart und von der Beschaffenheit des Bodens ab. Bei einem sehr großen Baum, wie zum Beispiel die Eiche, der viel Halt braucht, besteht über die Hälfte des Baumes aus Wurzeln. Das Wurzelsystem dient zum Absorbieren von Wasser und Mineralien aus dem Boden. Durch Hohlgefäße in Stengel oder Stamm werden sie zu den Blättern transportiert, um dort die für die Pflanze notwendigen Nährstoffe herzustellen. Bei allen Bäumen und Sträuchern ist die äußerste Schicht des Stammes mit einer schützenden Rinde bedeckt, und Gefäße tief im Innern des Stammes werden mit festem Material gefüllt, um die Stämme zu stützen.

Baum

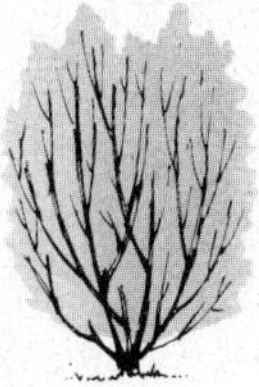

Strauch

Baumformen

rundkronig-dicht

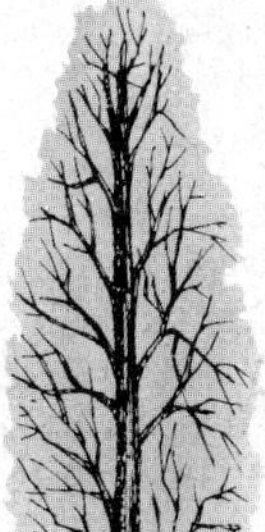

kegelförmig

breit-offen

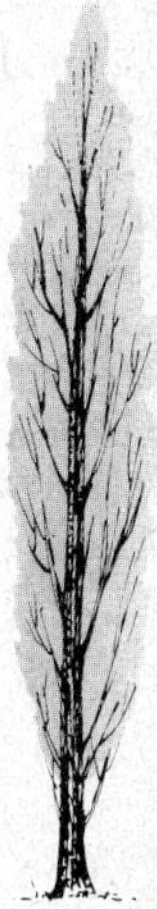

säulenförmig

hängend

ausladend

Blattformen

In den Blättern von Sträuchern und Bäumen werden durch Photosynthese die für die Pflanze lebensnotwendigen Nährstoffe gebildet. Blätter sind chemische Fabriken, die mit dem Rohmaterial aus der durch die Wurzeln aufgesaugten Flüssigkeit und dem in der Luft vorhandenen Sauerstoff und Kohlendioxid arbeiten. Das Sonnenlicht liefert die nötige Energie, um diese Materialien in den für die Pflanze lebenswichtigen Zucker umzuwandeln. Jedes Blatt ist so gebaut, daß es diesen Prozeß bestmöglichst unterstützt; seine charakterische Form, Farbe und Konsistenz ist dieser Aufgabe angepaßt.

Alle Blätter sind so gebaut, daß sie möglichst viel Sonnenlicht auffangen können. Ja, sie drehen sich sogar, um der weiterwandernden Sonne im Verlauf des Tages zu folgen. Um die der Sonne ausgesetzte Fläche noch zu vergrößern, sind manche Blätter gespalten oder bestehen aus einzelnen, kleinen Teilblättchen, die rund um einen Stiel angeordnet sind. Andere wiederum sind gezähnt. Die Blattform und ihre Beschreibung sind ein wichtiges Charakteristikum für jede Baum- oder Strauchart. Gewöhnlich wird die Blattfläche durch einen zentralen Blattstiel, der Mittelrippe, gestützt. Von dieser kräftigen Mittelrippe gehen feine Seitennerven ab, die Leitgefäße enthalten. Ein solches Blatt kann verschiedene Formen haben: oval oder lanzettlich, herzförmig oder gelappt. Als gefiedert bezeichnet man Blätter, bei denen Teilblättchen um einen Mittelstiel angeordnet sind.

In der Blattfläche liegen winzige Pakete mit der Chemikalie Chlorophyll,

eiförmig

lanzettförmig

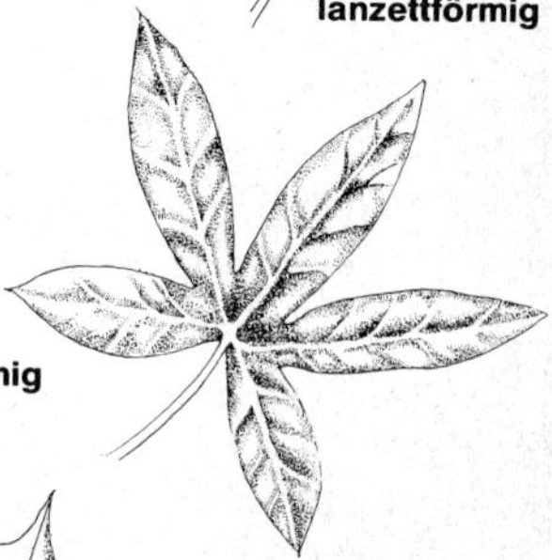

fingerförmig

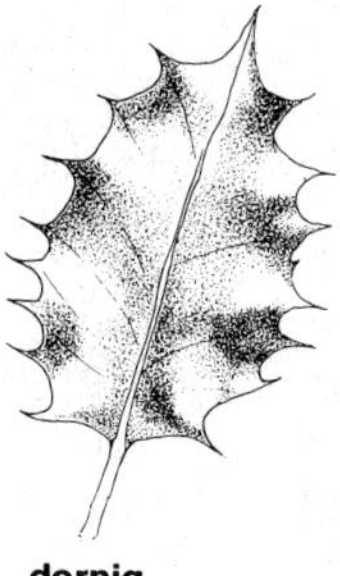

dornig

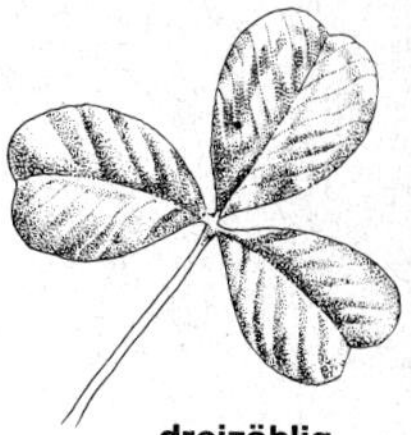

dreizählig

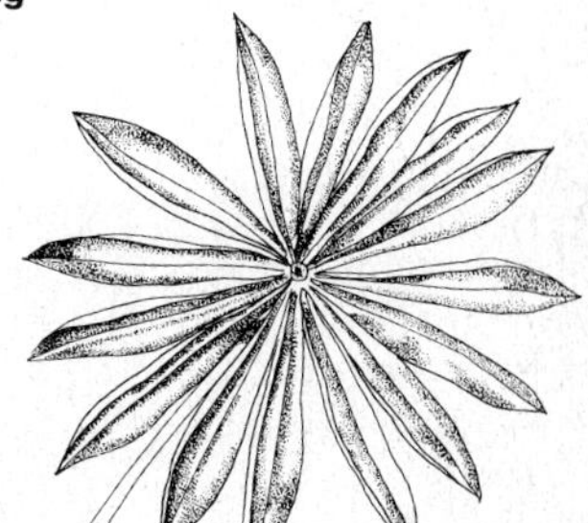

quirlständig

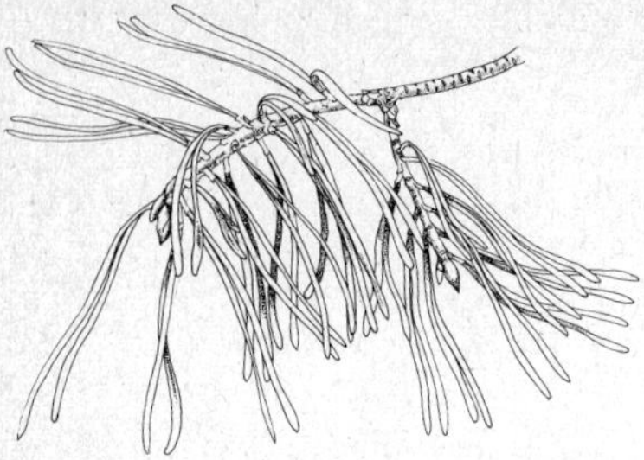

Nadeln

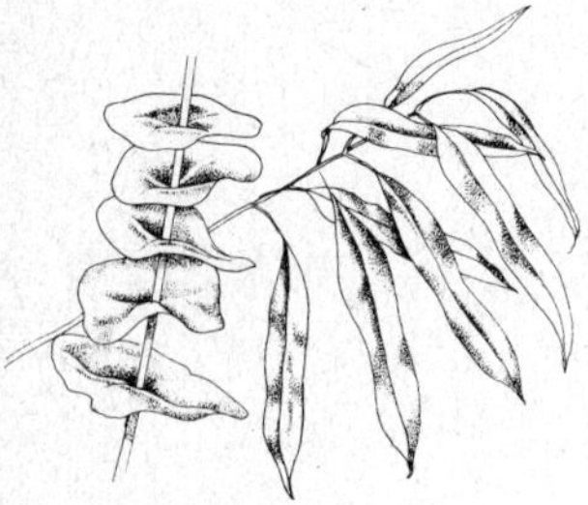

junger und reifer Eukalyptus

Buntfarbige Blätter

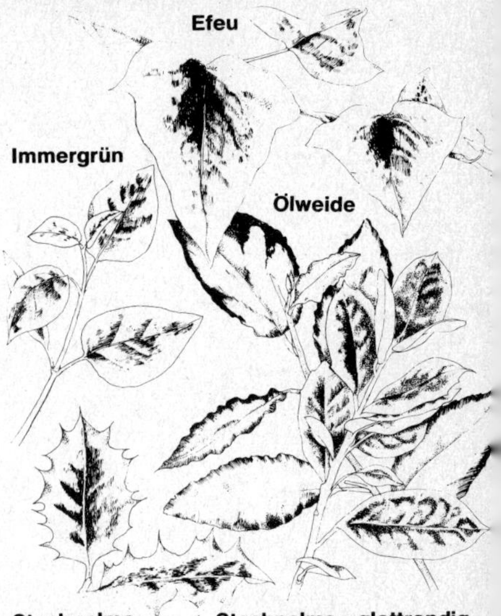

die sogenannten Chloroplasten. Das grüne Chlorophyll ist der Stoff, der unter Nutzung des auf das Blatt fallenden Lichts die vorhandenen einfachen Chemikalien in verwertbare Nährstoffe umwandelt. Es ist auf Eisen aufgebaut, und wenn nicht genug Eisen im Boden vorhanden ist, kann die Pflanze nicht ausreichend Chlorophyll herstellen und wird blaß und bleichsüchtig. Dieselben Symptome treten auf, wenn das Eisen in einer Form vorliegt, die die Pflanze nicht verwerten kann.

Die Blattoberfläche ist mit einer wachsähnlichen Schicht bedeckt, der Cuticula, die ein zu schnelles Verdunsten des im Blatt gespeicherten Wassers verhindert. Diese Cuticula gibt zum Beispiel den Stechpalmen- und Lorbeerblättern den charakteristischen Glanz. Trotzdem muß aber etwas Wasser kontrolliert verdunsten, damit der Wassertransport über Wurzeln und Stamm ordnungsgemäß stattfinden kann. Dies geschieht an der im Schatten liegenden Blattunterseite, die der Sonne weniger ausgesetzt ist. Winzige Öffnungen, sogenannte Stomata (= Spaltöffnungen), regulieren das Verdunsten und die Absorption von Wasser sowie den Ein- und Austritt von Gasen, die die Pflanze braucht oder produziert hat.

Es gibt sommergrüne Bäume und Sträucher und immergrüne, die ihre Blätter auch den Winter über behalten. Bei sommergrünen Gehölzen zeigen sich im Herbst häufig wunderschöne Farbveränderungen, wenn den

Blättern vor dem Abwurf die Nährstoffe entzogen werden. Bei vielen immergrünen Gehölzen, wie beispielsweise den Koniferen, sind die Blätter auf schmale Nadeln, die keine eindeutige Ober- und Unterseite erkennen lassen, reduziert. Dadurch wird die Blattfläche noch mehr vergrößert. Manche Blattformen haben an ihrem Rand spitze Dornen entwickelt; bei einigen Pflanzen enthalten Teilflächen des Blattes kein Chlorophyll; doch dies kann die Pflanze bei schlechten Lichtverhältnissen kompensieren – dann werden diese Flächen grün.

Blüten

Zwar werden viele Bäume und Sträucher nur ihres Blattwerks wegen gepflanzt, aber sie gehören alle zu den Blütenpflanzen, sogar die Nadelgehölze, bei denen Zapfen als grob gebaute Blüten fungieren. Die Blüte ist das bedeutendste Fortpflanzungsorgan der Pflanzen. Obwohl sich die meisten Pflanzen auch vegetativ vermehren können (z. B. durch Ableger, Ausläufer oder irgendeinen anderen Teil der Pflanze, der Wurzeln ausbilden und später von der Mutterpflanze getrennt werden kann), ist doch die Blüte das Organ ihrer geschlechtlichen Fortpflanzung. Die Befruchtung geschieht durch den Pollen, der die Keimzelle der Pflanze erreichen muß, damit ein Samen ausgebildet werden kann. Die Blüte ist das Spezialorgan der Pflanze, in dem dieser Prozeß abläuft.

Primitive Blüten vertrauen darauf, daß von der Unmenge an Pollen, die durch den Wind verbreitet werden, ei-

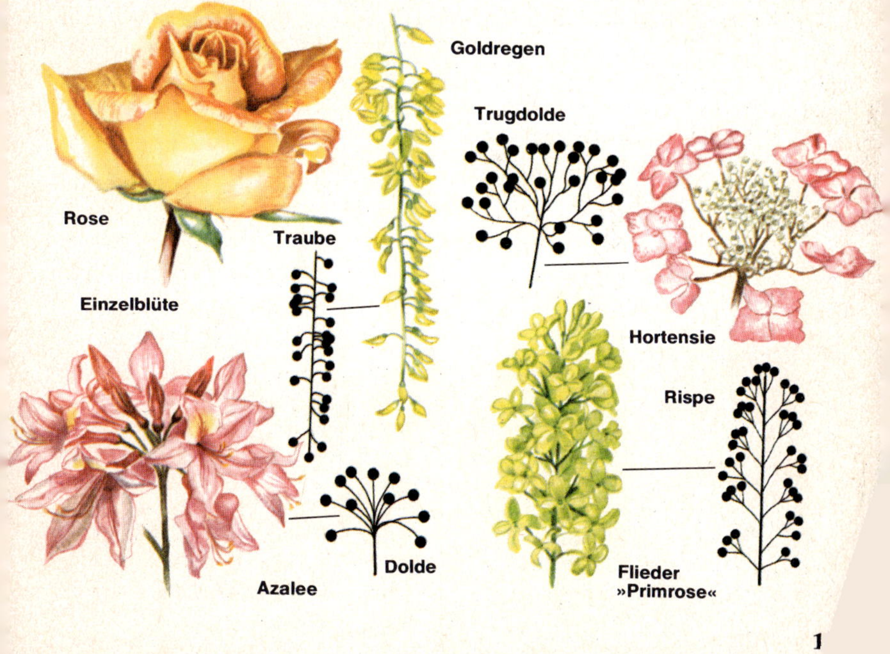

ner die Keimzelle erreicht und befruchtet. Dazu gehören die Koniferen, einfache Blüten wie Birken- und Haselkätzchen und überhaupt die Blüten der meisten bei uns heimischen Bäume. Sträucher und Bäume mit farbenprächtigen Blüten verlassen sich darauf, daß Insekten den Pollen transportieren. Um Bienen und andere bestäubende Insekten anzulocken, produzieren die Blüten Duftstoffe, Nektar oder Farben und Muster.

Aufbau einer Blüte

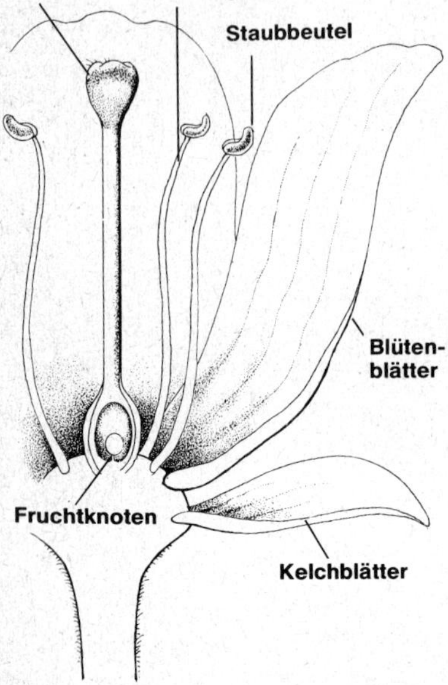

Es gibt rein männliche Blüten, die nur Pollen produzieren, und rein weibliche mit Keimzelle; in den meisten Fällen aber sind beide Elemente in einer Blüte vereinigt. Die Grundstruktur ist immer gleich: die verschiedenen Teile sind kreisförmig angeordnet, ganz außen die Kelchblätter, dann die Blütenblätter, anschließend die Staubgefäße oder männlichen Organe und in der Mitte der weibliche Fruchtknoten mit der Keimzelle. Nicht immer sind die Blütenblätter der dekorative Teil. Manchmal sind die Kelchblätter farbig und bei einigen Arten wurden die Staubgefäße zu Blütenblättern umgeformt. Andere Pflanzen haben leuchtendbunte Blätter oder Deckblätter, die Blütenblättern ähneln.

Samen, Beeren, Früchte

Aus den befruchteten Keimzellen der Bäume und Sträucher können neue Pflanzen entstehen. Gewöhnlich sind diese Samen jedoch von einer Hülle umschlossen, die sich aus dem Fruchtknoten der Blüte entwickelt hat. Diese Frucht besteht aus einem oder mehreren Samen und dem Fruchtknoten, der eine für die Pflanze typische Form und Farbe ausbildet.
Sehr häufig ist die Frucht eine auffallend farbige Beere, die so die Vögel zum Fressen animiert und dadurch den Transport der Samen in neue Gebiete erreicht. Um die Verbreitung der Samen zu fördern, entwickeln Pflanzen aber auch ganz anders geartete, zum Teil sehr dekorative Fruchtformen. Beeren sind in der Überzahl rot oder orange, wie zum Beispiel bei der Steinmistel *(Cotoneaster),* dem Feuerdorn *(Pyracantha)* und der Stechpalme *(Ilex);* die der Myrthe *(Pernettya),* Schönfrucht *(Callicarpa)* und Schneebeere *(Symphoricarpos)* sind dagegen leuchtend weiß und wirken, als seien sie aus Wachs. Diese

Beeren reifen fast durchweg im Herbst, und da zu dieser Zeit im Garten nicht mehr viel blüht, setzen sie willkommene Farbakzente.
Es gibt für den Garten aber auch Gehölze mit größeren, dekorativen Früchten, zum Beispiel den Zierapfel *(Malus)* und die sogenannte Scheinquitte *(Chaenomeles japonica)*. Hier ist häufig die Blüte die wahre Attraktion, und die Früchte sind nur eine nette Zugabe. Bei Rosen gibt es außer den gewöhnlich in Gärten zu findenden noch viele spezielle Arten. Einige davon tragen im Herbst wunderschöne Hagebutten, die sich bis in den Winter hinein halten und leuchtende Farbtupfer bilden.
Der größte Teil der Bäume und Sträucher wird aber wegen der Farbenpracht anderer Pflanzenteile als Gartenschmuck ausgewählt. Der Perückenstrauch wirkt so oder so sehr dekorativ, ganz besonders aber durch die unzähligen fedrigen Blütenstände, die noch lange nach dem Abfallen der eigentlichen Blüte am Strauch bleiben und wie duftige Rauchwölkchen wirken. Bei anderen Sträuchern wieder sind die Stämme farbig, wie beim Hartriegel *(Cornus)*, bei dem frisch gewachsenes Holz rot oder purpur leuchtet.

Oben:
Für die Wahl der Rosensorte können auch die leuchtenden Herbstfrüchte ausschlaggebend sein.

Unten:
Die wachsartigen Beeren der Skimmia heben sich leuchtend rot von den dunklen, immergrünen Blättern ab.

Viele der schönsten Pflanzen blühen im Frühjahr. Bei richtiger Wahl bilden sie eine reiche Farbpalette.
Auch im Herbst und Winter können Bäume sehr dekorativ wirken.

Links:
Eine sorgfältige geplante und zusammengestellte Auswahl Bäume, Sträucher und Kletterpflanzen sorgt das ganze Jahr über für ein abwechslungsreiches Zusammenspiel von Formen und Farben.

Pflanzennamen
Um die verwirrende Vielfalt der Pflanzennamen zu ordnen und zu vereinfachen, führte der schwedische Botaniker Linnaeus 1753 eine Standardmethode der Klassifizierung ein. Seine doppelnamige Nomenklatur ist noch heute gültig. Seit dem 18. Jahrhundert werden regelmäßig Kongresse abgehalten, auf denen Richtlinien für Pflanzenbenennungen verbessert und überprüft werden. Jede Pflanze hat einen lateinischen »Nachnamen« (den Gattungsnamen) und einen »Vornamen« (den Artennamen). Mit diesen Namen ist die Pflanze in jedem Erdteil identifizierbar. Ihr voller Name wird allgemein in folgender Reihenfolge angegeben:

Familie umfaßt alle eng verwandten Gattungen, z. B. *prunus* – Kirsche und Pflaume, *rosaeceae* – neben den Rosen gehört der Apfel auch dazu.

Gattung umfaßt eine Auswahl eng verwandter Pflanzen, z. B. Rosen *(rosa),* von denen es wiederum ähnliche Arten und Sorten gibt (in Katalogen die erste Bezeichnung).

Arten in Katalogen die zweite Bezeichnung, z. B. Rosa *foetida.*

Sortenname folgt auf den Artennamen und ist im Druck hervorgehoben, wenn die Pflanze natürlich vorkommt, z. B. *Rosa foetida bicolor.*

Gebräuchlicher Name Rose für *Rosa*

Züchtungs- oder Kultivierungsname
Wenn die Pflanze durch Züchtung entwickelt wurde, steht der Name in einfachen Anführungsstrichen hinter dem Artennamen, z. B. *Rosa gallica ›Officinalis‹.*

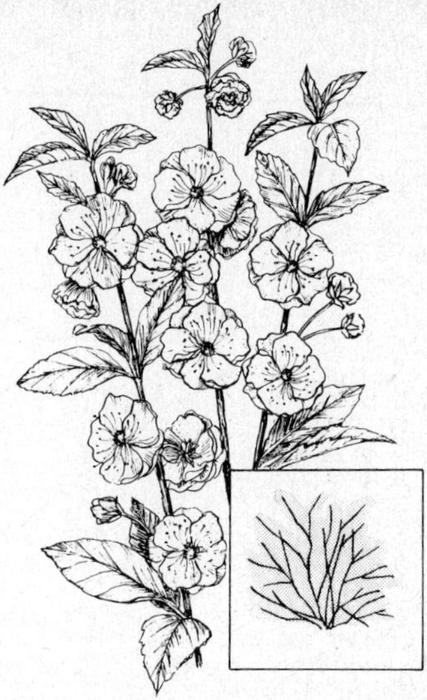

Hybriden Gekreuzte Arten oder Hybriden sind mit einem ›x‹ zwischen Gattungsnamen und Hybride gekennzeichnet, z. B. *Rosa x centifolia,* oder der Name der Art steht in einfachen Anführungsstrichen, z. B. Rosa *›Peace‹.*

Form bezieht sich auf Arten oder Wachstumsgewohnheiten.

Synonym (Syn.) nichtwissenschaftlicher Name, unter dem eine Pflanzenfamilie, -art oder Einzelpflanze häufig bekannt ist.

Gartenplanung und Vorbereitung

Die Anlage eines Gartens, in dem Bäume und Sträucher ihren Platz finden sollen, verlangt einen gewissen Aufwand an Zeit und Arbeit – mehr, als man für einen Garten mit den üblichen einjährigen Stauden und Beetpflanzen ansetzt. Doch später, wenn diese Gehölze fester Bestandteil der Anlage sind, in der alle Arten von Pflanzen gedeihen, brauchen sie nur noch wenig Pflege. Sie müssen nicht laufend ergänzt und ersetzt werden. Einzig das regelmäßige Schneiden macht Arbeit.

Es macht natürlich einen Unterschied, ob Bäume und Sträucher in einen alten Garten, der gut in Ordnung gehalten ist, gepflanzt werden sollen, oder ob es sich um eine Neuanlage handelt, deren Fläche nur grob geebnet, mit Bauschutt, Lehm und steinharten Zementbrocken versehen ist. Hier hilft nur härteste Arbeit. Aller Abfall, alles, was im Weg steht, einschließlich fragwürdiger Büsche und Bäume, muß rigoros beseitigt werden. Bei der Gemeindeverwaltung erkundige man sich nach dem nächsten Auffüllplatz, zu dem der Abraum gebracht werden darf. Das Verbrennen von Büschen und Bäumen ist auf jeden Fall genehmigungspflichtig. (Und nicht immer gewinnt der Boden durch die anfallende Asche.)

Der Besitzer eines alten, dabei völlig überwucherten Gartens steht vor ähnlichen Problemen. Für gewöhnlich steht irgendwo ein baufälliger Schuppen, der einzureißen ist; wuchernde Pflanzen und Unkräuter müssen so weit zurückgeschnitten werden, daß vorhandene Bäume und Sträucher in Ruhe geprüft werden können, um festzustellen, ob der eine oder andere noch zu retten ist. Sie werden sorgfältig bestimmt und gegebenenfalls zurückgeschnitten und in Schuß gebracht, wie es auf S. 46f. gezeigt wird. Vielen verwucherten Sträuchern wird ein rigoroser Rückschnitt guttun. Bei Bäumen, die aus der Fasson geraten sind, hilft manchmal ein Köpfen; wobei die Krone geschlagen wird, um die Höhe zu verringern und den Baum zu buschigem Wuchs anzuregen. Ist dies nicht möglich, der Baum offensichtlich für den Garten zu groß und hinderlich, muß man ihn fällen. Aber auch hier sollte man bei der Gemeinde anfragen, ob er nicht vielleicht registriert und geschützt ist.

Die Planung

Nach gründlicher Durchforstung muß man sich entscheiden, welche Art Garten man anlegen möchte. Dazu fertigt man zunächst eine Liste aller gewünschten Teile an: erhöhte Beete, Pfade, eine Terrasse, einen Steingarten, einen Teich usw. Dann wird der Garten vermessen, der Umriß auf einem großen Bogen Millimeterpapier eingezeichnet, wobei man einen möglichst günstigen Maßstab wählt, zum Beispiel 1 cm = 1 m. Als erstes wird alles Bestehende eingetragen: Größe und Lage des Hauses, große Bäume, Drainagedeckel und alle häßlichen Stellen, die versteckt oder abgeschirmt werden sollen. Dann kann

Gartenplanung bedeutet, aus dem zur Verfügung stehenden Platz das Beste zu machen, das Unerwünschte zu verbergen oder geschickt einzufügen.

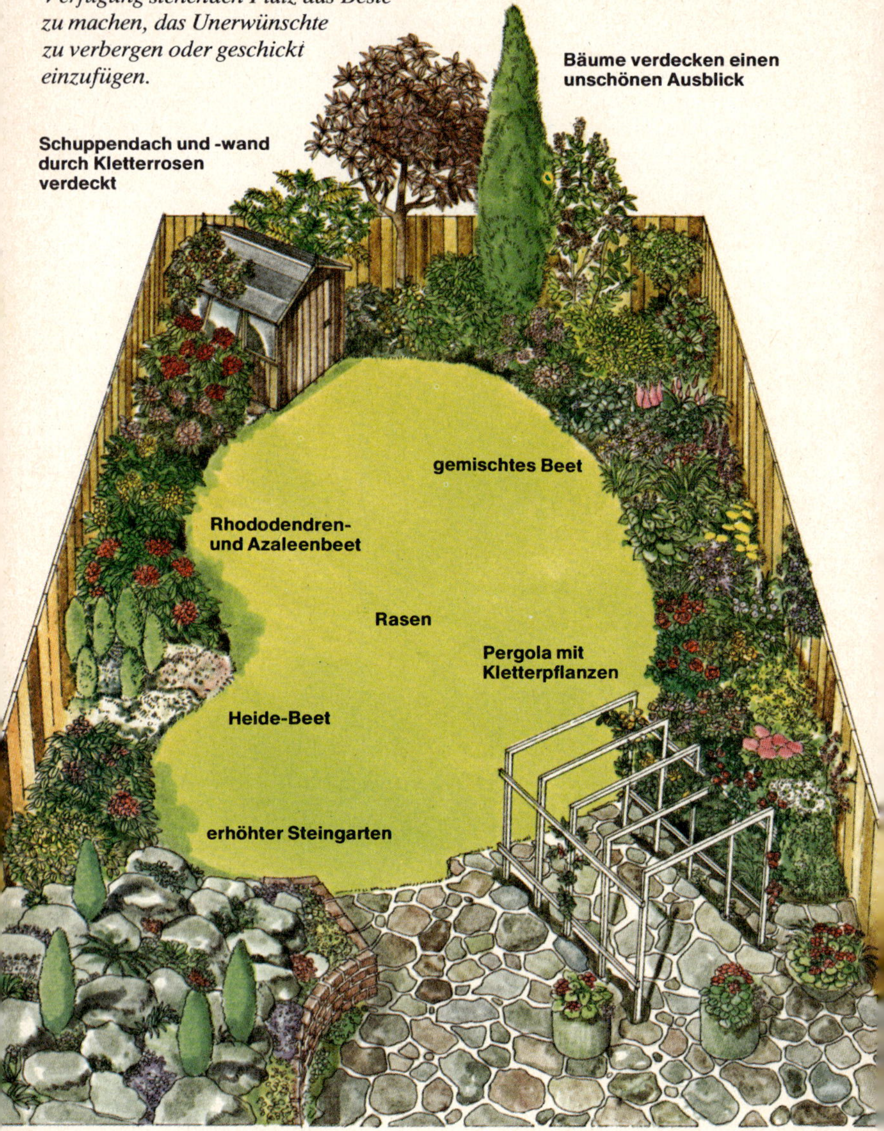

man die Standorte für Bäume, Sträucher und andere geplante Teile einzeichnen, wobei nicht übersehen werden darf, daß die Gehölze bald mehr Raum beanspruchen werden; sie dürfen also nicht zu eng nebeneinander oder zu dicht an Wegen, Zäunen oder am Haus plaziert werden, wo sie schon nach einigen Jahren störend wirken. Zu berücksichtigen ist dabei auch, daß Baumwurzeln das Fundament von Häusern zerstören, Abwasserrohre und Drainagen verstopfen können, weil sie an den Verbindungsstellen in sie eindringen. Die Lage von Rohrleitungen und unter- oder oberirdischen Kabeln darf deshalb im Gartenplan auf keinen Fall fehlen, damit man sie für unter Umständen notwendig werdende Reparaturen freihalten kann. Bei älteren Grundstücken wendet man sich wieder am besten an die Gemeindeverwaltung, die Auskunft geben kann, wo Lagepläne der Leitungen und Kabel eingesehen werden können.

Werkzeug

Zum Pflanzen und Pflegen von Bäumen und Sträuchern braucht man neben den üblichen Gartengeräten einige Spezialwerkzeuge, die der Größe und dem kräftigen Wuchs dieser Gehölze angepaßt sind. Spaten, Grabegabel und Rechen gehören zur Grundausstattung, aber gerade die Grabegeräte müssen recht stabil sein; denn beim Pflanzen muß nicht nur tief gegraben, sondern auch ziemlich viel Erdreich bewegt werden. Eine Spritze zum Versprühen von Insektiziden und Fungiziden ist sehr praktisch. Das gewöhnliche Handgerät ist zu klein; besser eignet sich eine Baumspritze mit einem 4–5 l fassenden Behälter und einem Spritzrohr. Das Gerät wird über die Schulter gehängt oder auf dem Rücken getragen.

Das Aufzeichnen eines Gartenplans auf Millimeterpapier macht wenig Mühe und lohnt sich.

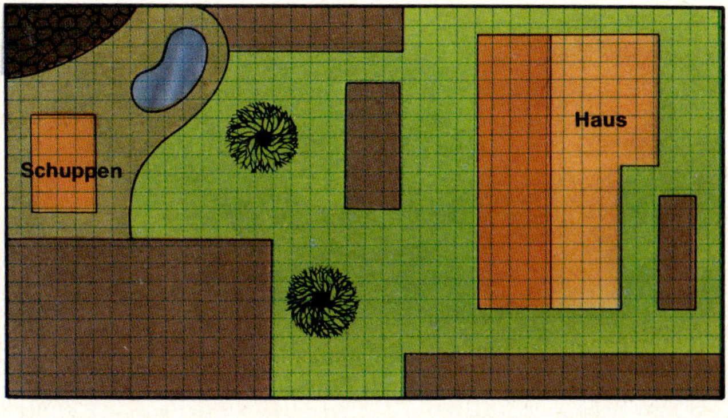

Eine kräftige Garten- und Heckenschere sind unerläßlich. Der Versuch, mit einer gewöhnlichen Haushaltsschere zu improvisieren, führt nur zu Verletzungen an den Ästen und beschwört damit die Gefahr einer Pilzerkrankung herauf. Zum Schneiden größerer Bäume benutz man eine spezielle Astsäge, die sich meistens wie ein Taschenmesser zusammenklappen läßt. Diese Werkzeuge müssen gut gepflegt werden; denn sie haben an größeren Bäumen und Sträuchern harte Arbeit zu leisten. Neue kaufen zu müssen, weil die alten verrostet sind, kommt teuer zu stehen.

Leih-Werkzeug
Einige teure Geräte, die bei schweren Arbeiten äußerst hilfreich sind – besonders beim Herrichten überwucherter oder vernachlässigter Gärten –, werden von Gartenfachgeschäften oder Eisenwarenhandlungen auch ausgeliehen. Eine Motorhacke bearbeitet in kurzer Zeit große Flächen; mit einer Motorsäge sind auch stattliche Bäume in einer Stunde oder noch schneller gefällt. Auch für kleinere, dennoch wichtige Arbeiten gibt es Leihgeräte, so zum Beispiel Erdbohrer für das Setzen von Zaunpfosten in enge, tiefe Löcher.

Das Umgraben
Umgraben ist der erste Schritt zum Pflanzen von Bäumen und Sträuchern. Bei einem bereits angelegten Garten braucht man nur noch das Erdreich rund um den Pflanzort umzugraben. In einem vernachlässigten Garten oder einem Neubaugebiet mit Bauschutt und Lehm ist schon etwas mehr Arbeit erforderlich.

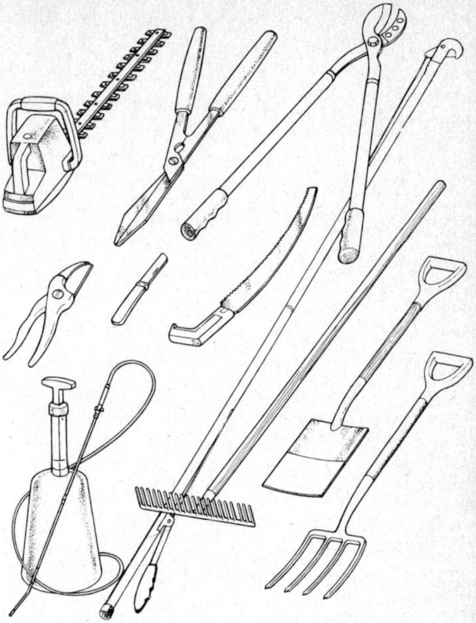

Leih-Werkzeug

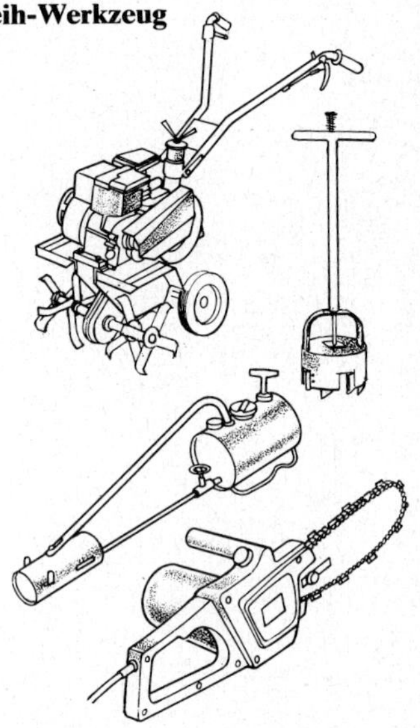

Zuerst müssen alle alten Baumstümpfe samt Wurzeln, große Steine, Zement- und Lehmklumpen entfernt werden. Am besten läßt man sie zu einer öffentlichen Müllkippe transportieren. Die günstigste Zeit zur Bodenvorbereitung ist der Herbst oder Winteranfang; denn Frost und Regen lokkern den Boden.
Zum Umgraben ist der größte Spaten gerade richtig, sofern der Boden nicht allzu hart ist. In derlei Fällen ist das Arbeiten mit der Grabegabel einfacher. Der Spaten wird nicht mit Schulter- oder Armkraft, sondern mit Hilfe des Körpergewichts in die Erde gestoßen. Es wird stets in gerader Reihe ein Spaten voll Erde gestochen und umgedreht; dann gräbt man vom Ende aus eine zweite Reihe um und so weiter, bis das Beet fertig ist. Die Erdklumpen müssen mit Hacke und Rechen bis zur Feinkrümeligkeit zerkleinert werden. Bei einem regelmäßig bearbeiteten Garten reicht diese Vorbereitung aus. Schlecht gepflegte Böden oder Neuland machen gewöhnlich ein zwei Spaten tiefes Umgraben erforderlich. Dabei wird die erste Schaufel Erde gestochen und zur Seite geworfen. Nach Vollendung der Reihe wird in dem Graben nochmals eine Spatentiefe eingestochen und die Erde umgeworfen. Diese tiefere Schicht besteht gewöhnlich aus schwerem Unterboden: statt ihn umzugraben genügt ein lockern mit der Grabegabel. Doch welche Methode man auch anwendet, stets sollten Düngemittel oder Bodenverbesserer gleich mit in den Boden eingearbeitet werden. Torf ist zwar an sich kein Düngemittel, verbessert aber die Bodenstruktur erheblich und sollte deshalb auf keinen Fall fehlen.

Ein Spaten tiefes Umgraben

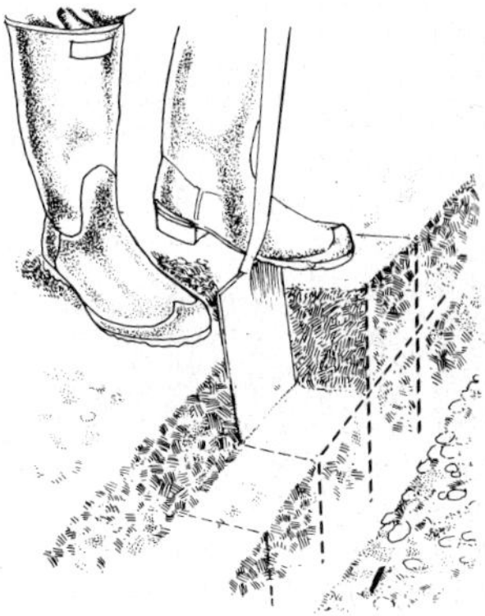

Zwei Spaten tiefes Umgraben

Bei Zierbeeten ist das Einebnen nicht so wichtig wie bei Gemüsebeeten. Gewöhnlich wird es aus ästhetischen Gründen doch gemacht, oder um dem Gelände ein anderes Gefälle zu geben. Dazu spannt man mit Hilfe zweier Stöcke eine Schnur horizontal über den Platz und verteilt die Erde dann so mit dem Rechen, daß die gewünschte Neigung entsteht. Dabei kann von hochgelegenen Stellen die bereits gelockerte Erde so weit abgetragen werden, daß der Unterboden sichtbar wird oder nur noch dünn bedeckt ist. An diesen Stellen muß dann nochmals umgegraben werden.

Boden-Untersuchung

Die Kenntnis vom Säuregehalt des Bodens (pH-Wert) ist sehr wichtig. Torfböden sind im allgemeinen sauer, kalkhaltige Böden alkalisch. Wer sich über den Bodentyp seines Gartens nicht sicher ist, kann ihn mit einem einfachen Testgerät auf den pH-Wert untersuchen. Ein neutraler pH-Wert um 7 bekommt den meisten Pflanzen. Bei einem sehr hohen pH-Wert kann man die alkalische Eigenschaft des Bodens durch Zugabe von Torf neutralisieren. Bei sehr niedrigem pH-Wert (4,5–5) muß man entweder Kalk einarbeiten oder nur säureliebende Gewächse anpflanzen.

Der Pflanzplan

Das Pflanzen von Gehölzen im Garten erfordert Planung und Phantasie. Wer zu viele Sträucher setzt, hat schließlich ein so düsteres Gestrüpp, wie man es noch in Parks findet, die zu Beginn dieses Jahrhunderts angelegt wurden. Um eine gute Wirkung zu erzielen, müssen Bäume und Sträucher in die Gesamtanlage integriert werden. Viele Sträucher werden allein ihrer herrlichen Blüten wegen gepflanzt, aber die Blütezeit ist begrenzt. Wer vorwiegend blühende Bäume und Sträucher pflanzen will, muß um des harmonischen Zusammenspiels und gelungener Blickfänge willen die charakteristische Blütezeit und die Farbe der Blüten berücksichtigen.

Von jedem Baum und jedem Strauch, den man pflanzen möchte, muß man zunächst anhand der Angaben im zweiten Teil dieses Buches oder mit Hilfe anderer Quellen die endgültige Wuchshöhe und Breite ermitteln und bei der Planung berücksichtigen. Zwar können kleinere Sträucher im Winter während ihrer Ruhezeit umgepflanzt werden, wenn man sie versehentlich an einen falschen Platz gesetzt hat, aber mit ein wenig Vorausschau lassen sich solche Fehler vermeiden. Bei der Anpflanzung langsam wachsender Arten können schnellwüchsige, billige Sträucher wie Forsythien *(Forsythia)*, Sommerflieder *(Buddaleia)* oder Ginster *(Cytisus)* als Platzfüller dienen, die umgepflanzt werden, wenn ihre bevorzugten Nachbarn herangewachsen sind und den Platz brauchen.

Sträucher, in geringerer Zahl auch Bäume, gibt es in jeder denkbaren Wuchsform, von der schlanken Säule bis hin zu den Bodendeckern. Deshalb lassen sie sich gut mit Stauden und krautigen Gewächsen kombinieren. Am besten eignen sie sich als Hintergrund für Gruppen aus Blumenzwiebelgewächsen, einjährigen Blumen oder ausdauernden Stauden. Bei den vielen Zwergformen besteht aber auch die Möglichkeit, sie an die Vorderkante eines Beetes zu rücken oder als Auflockerung zwischen Staudenrabatten. Ebenso können hohe, schlanke Bäume inmitten niedriger Blumen stehen, da sie durch ihre Form weder die Blumen noch weiter hinten im Beet befindliche Pflanzen verdecken.

Auch die mehr gestalterischen Aspekte sollten bei Auswahl der Gehölze eine Rolle spielen. Manche bilden einen herrlichen Kontrast zu der leuchtenden Farbpalette einjähriger Blumen – beispielsweise die Koniferen mit ihren

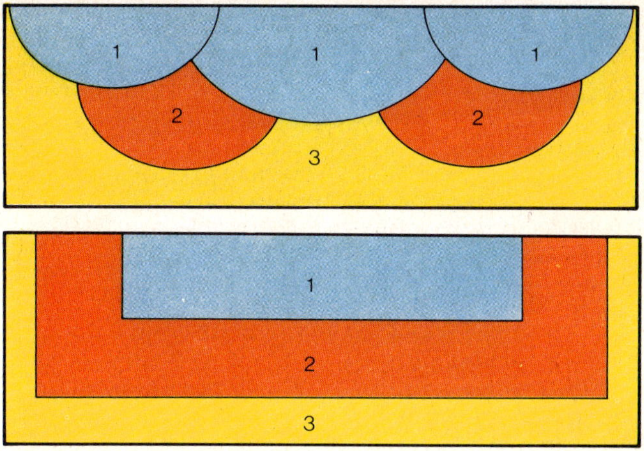

Skizzen für Beete
Große Sträucher (**1**) *bilden den Hintergrund für gedrungene Büsche* (**2**), *während sich im Vordergrund kleine winterfeste Blütenstauden ausbreiten* (**3**).

sanften Blau- und Grautönen. Auch die unterschiedlichen Blattformen, -farben und -größen lassen sich effektvoll einsetzen. Viele Sträucher geben einem Beet erst die richtige, dauerhafte Harmonie. Ein nur mit einjährigen Blumen bepflanztes Beet bietet eine Zeitlang einen herrlichen Anblick, wirkt aber bald unansehnlich und farblos und muß dann neu bepflanzt werden. Eine Bepflanzung mit Sträuchern, kleinen Bäumen und Blumen dagegen wirkt immer harmonisch und schön, und die natürlich aufgeteilten Standorte kurzlebiger einjähriger Pflanzen lassen sich viel leichter wieder auffüllen, sehen auch viel »gewachsener« aus.
Bei einem Garten im natürlichen »Landhaus-Stil« kann dieser lockere Eindruck durch die scheinbar zufällige Anordnung von Gehölzen und Stauden erreicht werden. Als Faustregel gilt immer, daß höhere Pflanzen, bis auf einige Einzelexemplare in der Beetmitte, im Beethintergrund stehen sollten. Es gibt allerdings auch ausdauernde Stauden, die die Höhe von Büschen, erreichen. Sie können natürlich auch einen Platz im Beethintergrund finden. Rittersporn *(Delphinium)*, Malven *(Althaea)* und Lupinen *(Lupinus)* sind dafür typisch. Sie werden so hoch, daß sie bei der Planung am besten gleich wie Sträucher oder Bäume behandelt werden sollten.
Wer einen mehr formgebundenen Garten vorzieht, muß die Pflanzen regelmäßiger anordnen. Für ein Beet mit abgezirkelter Bepflanzung braucht man viele Pflanzen gleicher Sorte. Sie werden nicht in Reihen gepflanzt, sondern bedecken geschlossene Flä-

chen. Bei der Anlage dieser Beete ist es ratsam, größere Sträucher in den Hintergrund des Beetes zu rücken und die niedrigen davor, so daß sie – bei ebenem Boden – einen terrassenförmigen Eindruck vermitteln.
Bei Anlage eines gemischten Beetes sollte man stets an die Wintermonate denken, in denen nur wenig Pflanzen blühen. Hier bewähren sich Koniferen und Immergrünes. Im Frühjahr und in den Sommermonaten spielen sie keine große Rolle, aber sobald Blüten und Blätter der anderen Pflanzen abgestorben sind, kommen ihre zarten Formen und Farben zur Geltung.

Wie bei anderen Beeten, müssen auch beim Inselbeet die Standorte einzelner Sträucher umsichtig gewählt werden. Große Arten in der Mitte sind von niedrigen Pflanzen umgeben.

Spezielle Beetformen

Zur Markierung ungerade verlaufender Beetkanten zieht man seinen Gartenplan (s. S. 23) zu Rate, auf dem Größe und Form der Beete eingezeichnet ist. Wer sich eng an seinen Entwurf halten will, muß zunächst die auf dem Millimeterpapier eingetragenen Quadrate mit Pflöcken und Schnüren im Garten abstecken. Dabei werden die Quadrate in Originalgröße markiert, das heißt bei einem Maßstab von 1 cm = 1 m werden die Schnüre um jeweils 1 m² große Flächen gespannt. Dann ist es ein Leichtes, die Kurven mit einem spitzen Stock oder einer Sandspur zu markieren und das Beet anzulegen.
Bei einem locker gestalteten Garten reicht diese Art der Markierung geschwungener Beetkanten sicher aus. Runde und ovale Beete erfordern eine andere Technik. Für ein rundes Beet

schlägt man einen Pflock in die Beetmitte und befestigt daran eine Schnur von der Länge des gewünschten Beetradius. An das Schnurende knüpft man einen spitzen Stock und markiert mit ihm den Kreis. Ein ovales Beet ist schwieriger zu markieren. Je ein Pflock wird in der Nähe der größten Längenausdehnung des geplanten Beetes eingeschlagen; die Schlaufen einer lockergehaltenen Schnur um die Pflöcke gelegt. Mit einem spitzen Stock fährt man innen an der Schnur – und sie dabei straffend – entlang. Man muß die Pflöcke mehrfach versetzen und die Schlaufe verkürzen oder verlängern, bevor das Beet endlich die gewünschte Form und Größe hat.

Die Terrassenbildung durch breite Gehwegplatten verhindern ein Abrutschen des Bodens nach starken Regenfällen.

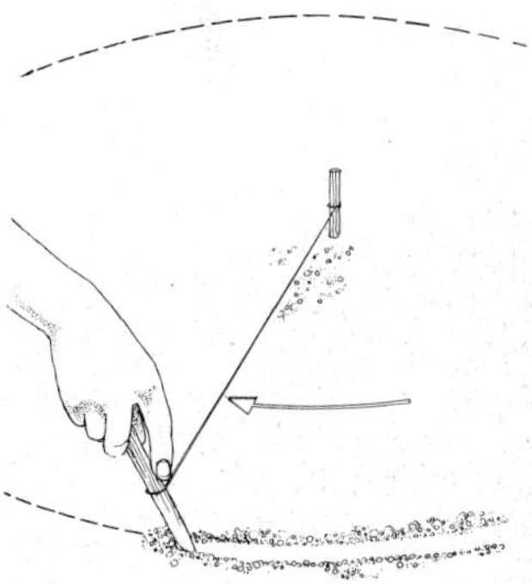

Das Rosenbeet

Das Rosenbeet muß, wie die Beete für alle anderen Pflanzen, vorbereitet und gut umgegraben werden, nachdem es dem Gartenplan entsprechend markiert wurde. Im Gegensatz zu anderen Sträuchern benötigen Rosen einen Boden besonderer Beschaffenheit.

Rosen lieben einen sonnigen Standort. Bei zuviel Schatten leiden sie unter Pilzerkrankungen und blühen nur kläglich. Das Beet muß gründlich zwei Spaten tief umgegraben werden (s. S. 25), wobei in die untere Bodenschicht möglichst viele organische Stoffe eingearbeitet werden. Torf, Sägemehl, Seetang, Stroh, kurzes Gras vom Rasenmähen, Kompost, sogar zusammengeknüllte Zeitungen sind dafür geeignet, kurz alles, was schnell zersetzt wird. In die obere Bodenschicht wird guter Kompost, verrottetes Laub oder Torf und etwas Hornmehl eingegeben. Bei schweren, lehmigen Böden sollte man noch Sand, Kies oder Ziegelsteintrümmer zur Verbesserung der Drainage dem Boden zusetzen. Es gibt Bodenverbesserer auf Seetang-Kompost-Basis. Er trägt dazu bei, die Lehmklumpen im Boden aufzubrechen. Dadurch wird die Erde des Rosenbeets natürlich erheblich besser. Rosen bevorzugen leicht saure Böden; bei hohem Kalkgehalt sollte deshalb der Säurehaushalt durch viel Torf ausbalanciert werden. Bei einem zu sauren Boden schafft ein wenig Kalk Abhilfe. Im Zweifelsfall mit einem pH-Meter testen.

Kletterpflanzen und Spaliere

Viele Kletterpflanzen können an schon vorhandenen Dingen hochranken: an einem alten Baumstumpf oder an einer Mauer. Doch in seinem Wunschgarten möchte wohl jeder selbst bestimmen, wo und wohin die Pflanzen klettern sollen. Hier helfen Spaliere und andere Stützkonstruktionen. Spaliere in Standardgrößen kann man fertig kaufen; doch macht das Zusammennageln einiger Holzlatten mit rostfreien Nägeln zu einem Gitter nicht viel Mühe. Allerdings muß man Rohholz durch einen Schutzanstrich

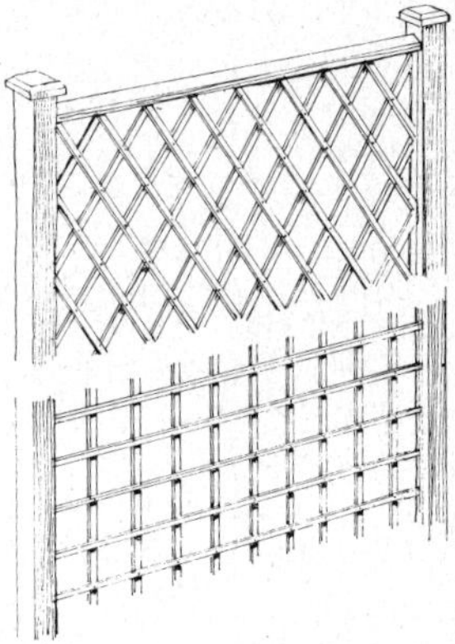

vor dem Verrotten bewahren. Creosot und Carbolineum sind zwar billig, aber sie töten mit Sicherheit jede Pflanze, die im ersten Jahr nach dem Anstrich damit in Berührung kommt. Man wähle pflanzenverträgliche Holzschutzmittel, die jedes Gartenfachgeschäft führt.

Pergola

Die Pergola ist ein altes Gartengestaltungselement, das jetzt wieder in Mode kommt. Sie besteht aus einem schweren Holzrahmen mit Querlatten und bildet einen offenen Tunnel, an

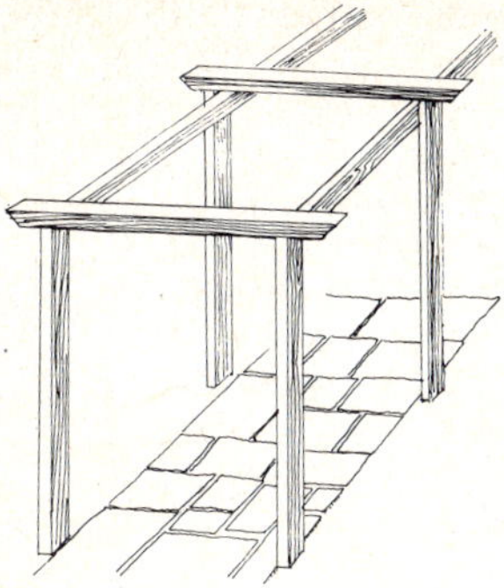

dem Kletterpflanzen hochranken können. Für kleinere Gärten ist sie wenig geeignet. Ihre Herstellung ist nicht billig; denn die Holzbalken sollten mindestens 12 × 12 cm stark und mit kräftigen Holzdübeln verbunden sein. Das Holz kann mit farblosem Schutzmittel bestrichen werden, damit seine Struktur sichtbar bleibt. Eine üppig umrankte Pergola spendet viel Schatten; Standort und Pflanzenwahl müssen deshalb sorgfältig bedacht werden.

Bögen

In einem großen Garten, in dem Gemüse- und Ziergartenteil getrennt sind, kann ein hübscher Bogen den weniger ansehnlichen Nutzgarten vom dekorativen Garten abgrenzen. Es

gibt fertige Bögen aus Holz oder aus Metall mit Plastikmantel, das keine Pflege braucht. Ein Bogen ist aber, wie ein Spalier, leicht selbst zu bauen. Die Kletterpflanzen sind mit Überlegung zu wählen.

Rustikale Stangen

Sträucher, die für ein Spalier zu schwer sind, kann man an einer einfachen Konstruktion aus Ästen, an denen die Rinde belassen wurde, hochziehen. Diese rustikal wirkenden Konstruktionen haben meist keine allzu lange Lebensdauer, da sie gegen Verwitterung ungeschützt sind. Sie sind aber billig.

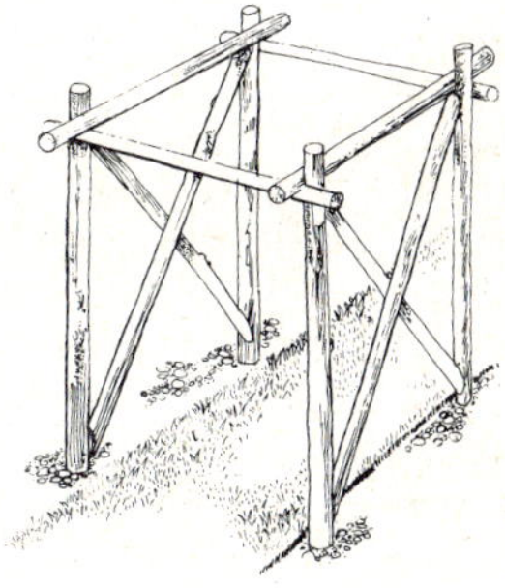

Auswählen der Pflanzen

Das Auswählen und Erwerben von Bäumen und Sträuchern wurde in den letzten Jahren durch Versandhandel und Garten-Center wesentlich erleichtert. Dazu kommt, daß Bäume und Sträucher in Töpfen und Containern gezogen werden, wodurch der Gartenbesitzer eine größere Anwuchsgarantie hat.

Anzucht in Containern

In Baumschulen werden heute Gehölze in Kübeln, Kunststoffbehältern, ja sogar dünnen Plastiksäcken herangezogen. Das hat erhebliche Vorteile gegenüber der traditionellen Methode: Die Container-Pflanzen kann man zu jeder Zeit kaufen und transportieren – selbst während der Blütezeit. Durch die Einengung im Pflanzbehälter bilden die Wurzeln einen kompakten Ballen. Diese Pflanzen lassen sich deshalb viel leichter einsetzen als die im Boden großgezogenen mit ihrem weitverzweigten, lockeren Wurzelgeflecht. Leider sind Container-Gewächse teuer, weil sie in der Baumschule mehr Arbeit und Pflege erfordern. Ihr Kauf lohnt sich dann, wenn man einen sofortigen Erfolg sehen will. Wer jedoch große und ungewöhnliche Gehölze sucht, sollte sich an eine Spezial-Baumschule wenden, in der sie noch direkt im Boden herangezogen werden.

Garten-Center beziehen ihre Gewächse von spezialisierten Baumschulen, deshalb führen sie für gewöhnlich nur die bekanntesten und populärsten Gehölze.

Spezial-Baumschulen

Spezial-Baumschulen haben für gewöhnlich eine größere Auswahl und bieten auch exotische und große Bäume an. Ein direkter Verkauf oder Versand nach Katalog findet immer erst im Herbst, nach Beginn der Ruheperiode und nach Blätterabwurf der Laubbäume statt. Das hat Vorteile, denn der Baumschuleigentümer möchte Reklamationen über abgestorbene Bäume vermeiden und wird die beste und sicherste Versandzeit seiner Pflanzen wählen. Gewöhnlich werden die Pflanzen ohne Ballen geliefert, so daß auch große Bäume leichter transportiert werden können; kleine Sträucher und Rosen sind bereits fachmännisch geschnitten.

Besondere Hinweise

Bei der Auswahl von Bäumen und Sträuchern sind zwei Faktoren besonders zu berücksichtigen: Erstens müssen sie sich für Ihren Garten eignen, zweitens gesund sein. Es hat keinen Sinn, einen großen Baum – etwa eine Zeder oder Trauerweide – in ein kleines Rasenstück vor dem Haus zu pflanzen, wenn man nach ein paar Jahren den Baum wieder ausgraben muß, weil er unterdessen zu groß geworden ist. Wer trotz begrenzter Platzverhältnisse auf diese Baumart nicht verzichten möchte, sollte in Katalogen nach einer Zwergform oder langsam wachsenden Sorte suchen. Rhododendren- und Azaleen-Freunde sollten zunächst eine Bodenprobe machen lassen, ehe sie ihre Bestellung

Spezialisierte Baumschulen bieten das ganze Jahr hindurch große Baumarten an. Allgemeine Auslieferungszeit ist jedoch der Spätherbst

aufgeben. Denn in einem schweren, alkalischen Boden werden diese Pflanzen vielleicht wachsen, aber kränklich und unansehnlich bleiben; es sei denn, daß der Boden völlig ausgetauscht wird und die Pflanzen regelmäßig teure Spezialdüngergaben erhalten.

In derlei Fällen sollte man lieber auf andere Pflanzen ausweichen. Der Kauf von Gehölzen ist im großen ganzen eine Sache des gesunden Menschenverstands. Kranke Pflanzen sehen gewöhnlich auch krank aus. Man muß besonders auf blasse Blätter, Insektenbefall und verdorrte Teile achten (letztere sind besonders an Knospen und Sproßspitzen leicht auszumachen). Am besten entscheidet man sich für eine große, gut geformte Pflanze. Bei Sträuchern ist allerdings nicht unbedingt die Größe, sondern eine buschige Form mit vielen Seitentrieben entscheidend, die während des Wachstums ihre Fasson behält. Auch Transportmöglichkeiten für erworbene Gehölze sind zu bedenken. Sie passen normalerweise schlecht ins Auto; die Triebe brechen leicht ab; Knospen können abgerissen oder beschädigt werden. Da ist es schon besser, man greift nochmals in die Tasche und läßt sich die Pflanzen von der Baumschule in einwandfreiem Zustand frei Haus liefern.

Ein wirklich unkonventionelles, gemischtes Beet besteht aus einer wohldurchdachten Auswahl krautiger, ausdauernder Pflanzen; einjähriger Pflanzen, Sträuchern und Bäumen und blüht fast das ganze Jahr über.

Das Einpflanzen

Das Verpflanzen ist für jeden Baum und Strauch eine kritische Zeit. Fehler sind kaum wieder rückgängig zu machen, ohne daß die Pflanze wieder ausgegraben und dadurch ihr Wachstum empfindlich gestört wird. Durch korrektes Einpflanzen vermeidet man kümmernde Gewächse und hat von Anfang an prächtig gedeihende Bäume und Sträucher.

Bäume und Sträucher ohne Ballen

Im allgemeinen werden Pflanzen nach dem Spätherbst, wenn das Wachstum zum Stillstand gekommen ist, von Baumschulen geliefert. Aber auch dann können Witterungsbedingungen das Einsetzen verhindern. So sollte zum Beispiel bei sehr nassem oder windigem Wetter oder bei großer Trockenheit, die den Wurzeln eine Wasseraufnahme unmöglich machen, nicht gepflanzt werden; denn auch während der Ruhepause wachsen alle Pflanzen ein wenig. Gewöhnlich werden neue Bäume und Sträucher erst einmal »eingeschlagen«, bis alles für ein korrektes Einpflanzen vorbereitet ist, daß heißt sie müssen schräg in einen etwa spatentief ausgehobenen Graben gelegt werden, damit der Wind ihnen nichts anhaben kann. Dann entfernt man die Verpackung der Wurzeln und breitet diese im Graben aus. Sind die Äste für den Transport zusammengebunden worden, wird auch hier die Verschnürung entfernt. Dann bedeckt man die Wurzeln mit Erde, die mit dem Spaten festgeklopft oder festgetreten wird.

Bodenvorbereitung

Jetzt hat man die letzte Chance, den Boden zu verändern und zu verbessern. Wer einen Garten mit gutem Boden hat oder ihn durch zweispatentiefes Umgraben vorbereitet hat, kann nunmehr das passende Pflanzloch ausheben. Selbst für einen kleinen Strauch muß es mindestens 60 × 60 cm messen und ein bis zwei Spaten tief sein. Der Untergrund wird mit der Grabegabel gelockert; sodann streut man ein paar Handvoll Hornspäne oder geeigneten Volldünger zusammen mit Kompost, Torf oder Lauberde zu gleichen Teilen in die Grube. Das alles wird gründlich gemischt. Zum Pflanzen eignet sich am besten eine kurze Warmwetterperiode.

Das Einsetzen

Man nimmt die Pflanze aus dem vorläufigen »Einschlag« und senkt sie in das vorbereitete Pflanzloch. Die Wurzeln werden sorgfältig ausgebreitet, abgebrochene oder verdorrte Wurzelenden abgeschnitten und die Schnittstellen nach Möglichkeit mit Holzkohle bestäubt. Braucht das Gehölz eine Stütze, muß sie jetzt eingesetzt werden, da man später die Wurzeln zu leicht verletzen würde. Baum und Strauch sollen möglichst genauso tief im Boden stehen wie zuvor in der Baumschule (erkennbar am Schmutzring oder der Stammfärbung). Dazu schüttet man auf die in der Grube stehende Pflanze etwas Erde, hebt sie dann leicht an, damit die Erde durch die Wurzeln rieselt, und wiederholt dies solange, bis das Gehölz in der richtigen Höhe steht. Erst dann wird das Pflanzloch weiter aufgefüllt, wobei die Erde immer wieder schichtweise festgetreten wird, damit die Pflanze Halt und Standfestigkeit bekommt. Am besten wird die Erde rund um die Pflanze etwa 5 cm höher als der übrige Boden aufgehäuft, weil sie sich später doch noch etwas setzen wird. Bei Bäumen formt man direkt am Stamm eine kleine tassenförmige Mulde, durch die Regenwasser direkt zu den Wurzeln geleitet wird; denn in der ersten Zeit ist für Neupflanzungen Wasser das Wichtigste. Bei sehr ausgetrockneten Böden richtet eine Gießkanne nicht viel aus; hier hilft nur ein Gartenschlauch. Der Boden rund um die Pflanze muß so gesättigt sein, daß er kein Wasser mehr aufnimmt. Ein sicheres Zeichen dafür, daß es zu den Wurzeln durchdringt. Winterwinde können zu übermäßiger Verdunstung führen. Deshalb müssen Koniferen und immergrüne Gehölze vor dem Austrocknen und Welken geschützt werden.

Stützen

Winterwinde bilden die Hauptursache von Zerstörungen: Stämme und Zweige können brechen; Wurzeln lockern sich oder reißen, so daß der Baum schließlich umfällt. Alle jungen Bäume und auch einige große, schlanke Sträucher brauchen deshalb unbedingt eine Stütze, bis die Stämme einen Durchmesser von mindestens 7 cm erreicht haben.

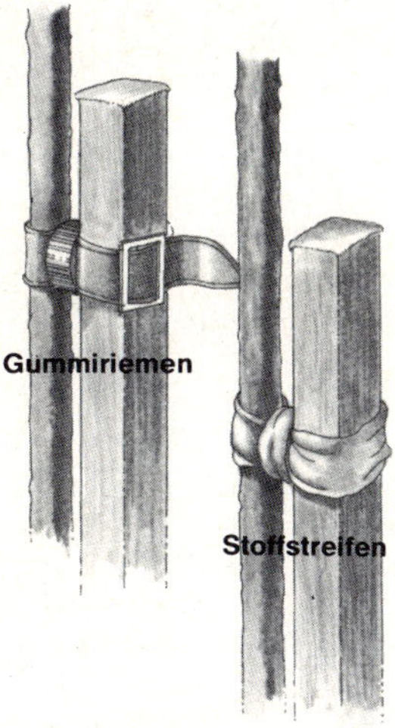

Bei Sträuchern und Bäumen, ganz gleich mit oder ohne Wurzelballen, wird der Pfahl vor dem Auffüllen des Pflanzloches mindestens 30 cm tief in den Boden geschlagen. Nur so lassen sich Wurzelverletzungen vermeiden. Der Pfahl darf nicht zu klein sein! Wirkt er auch zunächst wuchtiger als die Pflanze, so wächst sie doch schnell heran. Imprägnierte, im Handel erhältliche Pfähle sind zweckmäßiger als selbstgefertigte. Sie werden 8–10 cm neben den Stamm gesetzt, dieser mit Gummi- oder Plastikstreifen daran festgebunden. Der Stamm darf auf keinen Fall den Pfahl berühren, da durch Windeinwirkung die Rinde bald aufgescheuert wäre und so Angriffsflächen für Pilzkrankheiten böte.

In Containern herangezogene Gehölze

Bei Containergehölzen spielt die Jahreszeit keine Rolle mehr. Das Pflanzloch wird genauso vorbereitet, wie es für Gehölze ohne Ballen beschrieben wurde, und wenn nötig, darf auch hier eine Stütze nicht fehlen. Zum Herausnehmen der Pflanzen aus großen Kübeln oder Töpfen hält man sie am Stamm fest und schlägt kräftig auf den Rand des Containers. Dadurch löst sich der Wurzelballen ohne Beschädigung vom Topf. Gefäße aus Teerpappe oder Plastik werden einfach aufgeschnitten.

In Kübeln und an Mauern
Vor einer Mauer hat jeder Baum oder Strauch zum Ausbreiten seiner Wurzeln nur die Hälfte Platz. Auch eine ausreichende Belüftung ist nicht gewährleistet, und die Pflanzen werden anfällig für Pilzerkrankungen, wie zum Beispiel Mehltau. Eine weitere Gefahr bildet das Regenwasser von Dächern und Dachrinnen, durch die das Blattwerk zu feucht wird. Bevor man einen Baum an einen solchen Platz setzt, muß genau geprüft werden, ob seine Wurzeln das Fundament eines Hauses zerstören oder durch Austrocknung des Bodens Risse und Sprünge in der Hauswand verschulden können.
Die Pflanztechnik unterscheidet sich nicht von der für Bäume und Sträucher in offenem Gelände, nur entfallen hier die Stützen, da die Pflanzen an der Mauer Halt finden.
In solchen Lagen ist es oft sicherer, die Gehölze in große Kübel oder Pflanztröge zu setzen, wo sie keinen Schaden anrichten können. Das Einpflanzen erfordert, besonders im Hinblick auf die Zugabe von Kompost und Dünger, die gleiche Sorgfalt und Vorbereitung wie im offenen Erdreich. Kübelpflanzen müssen überhaupt häufig gedüngt werden. Auf große Kübel ist zu achten, damit sich die Wurzeln gut ausbreiten können.

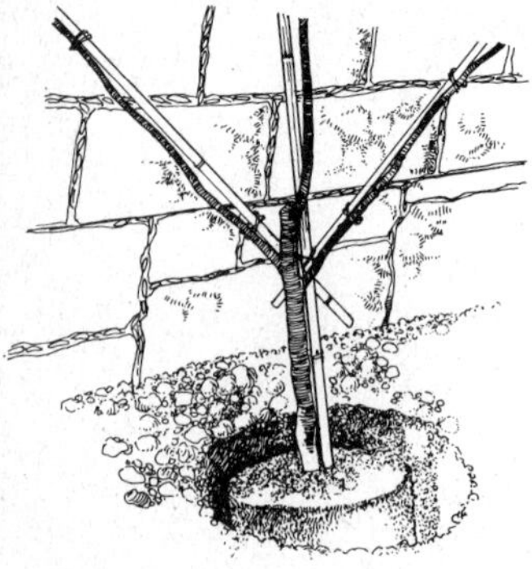

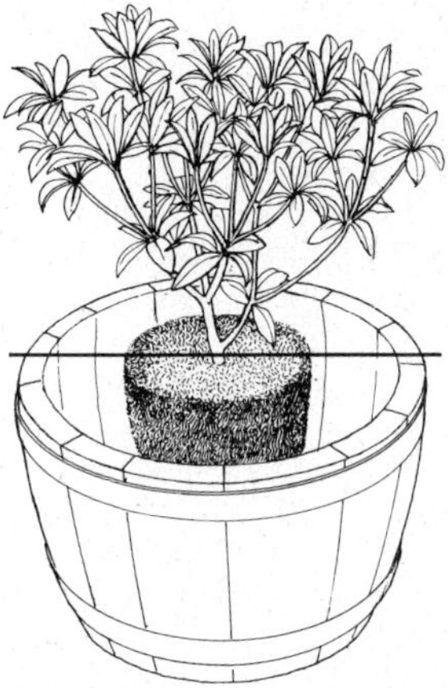

Hecken

Zuerst wird der gewünschte Heckenverlauf mit einer Schnur oder, wenn er geschwungen ist, mit einem spitzen Stock markiert. Dann hebt man in Spatentiefe einen Graben aus, der zu beiden Seiten der Markierung 0,5 m breit ist. Wie bei allen Gehölzen werden zuerst Dünger, Kompost und Torf oder Lauberde in den Boden eingearbeitet. Der Abstand zwischen den einzelnen Pflanzen hängt von der gewählten Art ab. Bei den meisten Heckensträuchern, wie zum Beispiel der Berberitze *(Berberis)* und dem Weißdorn *(Crataegus),* genügen etwa 45 cm in der einfachen Reihe. Bei Bäumen, die durch Schneiden niedrig gehalten werden, wie Buchen *(Fagus)* oder Stechpalmen *(Ilex),* bewährt sich ein Abstand von 60 cm. Schlankere Pflanzen wie Liguster *(Ligustrum)* müssen in Doppelreihen versetzt gepflanzt werden, damit die Hecke dicht und dick wird.

Junge Heckenpflanzen werden durch einen straff an der Hecke entlang gespannten Draht, an dem jede Pflanze festgebunden wird, gestützt. Achtung beim Schneiden!

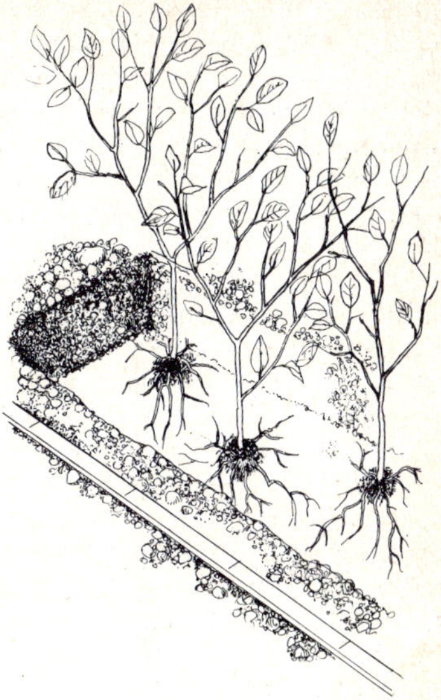

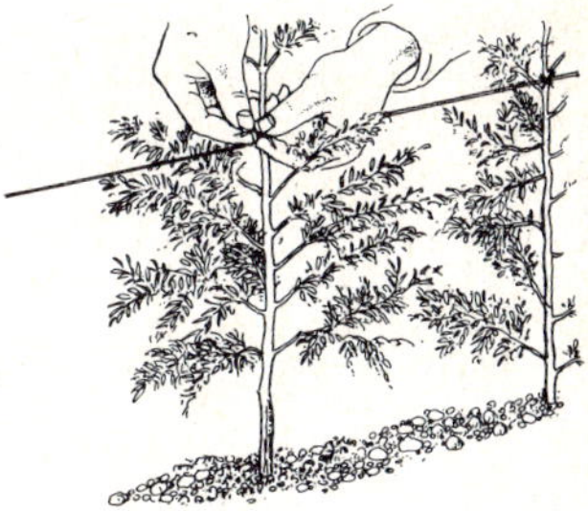

Rosen einpflanzen

Rosen werden fast immer ballenfrei und im Spätherbst angeboten und sollten gesetzt werden, solange es noch ein wenig warm ist. Man läßt sie sich eine Stunde lang in einem Wassereimer vollsaugen, dann werden sie »eingeschlagen«, bis das Beet gründlich vorbereitet ist. Für jede Rose gräbt man ein spatentiefes, 30 × 30 cm großes Loch und arbeitet eine Mischung aus Hornspänen und Torf in den Unterboden ein. Dann

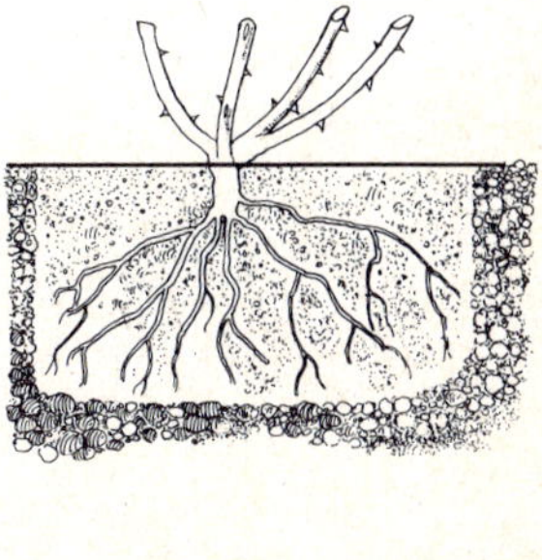

werden den Rosen alle noch vorhandenen Blüten, Blätter und dünnen Seitentriebe abgeschnitten, die Wurzelspitzen leicht gestutzt. Nun pflanzt man sie wie jedes andere Gehölz auch, indem man nochmals Hornspäne und Torf ins Pflanzloch gibt und die Erde gut festtritt. Auch bei Rosen ist die richtige Pflanztiefe sehr wichtig. Die Veredelungsstelle, also der Punkt, an dem die grünen Stengel aus dem braunen Wurzelstock wachsen, muß mindestens 4 cm unter der Erde liegen. Bei zu flachem Einsetzen können sich wilde Seitentriebe bilden und die Pflanze ruinieren. Wie bei anderen Gehölzen orientiert man sich bei Rosen ebenfalls an der alten Bodenmarke am Stamm als Richtlinie für die Pflanztiefe. Hochstammrosen benötigen eine Stütze. Gerade diese Rosensorten sind recht windempfindlich, weil ihre Stämme leicht brechen und sie nicht sehr tief wurzeln. Am besten werden sie mehrfach am Stab festgebunden. Vor Mauern ist der Boden häufig besonders trocken. Deshalb sollten Kletterrosen mindestens 40 cm entfernt gepflanzt und zum Spalier oder Rankgerüst hin erzogen werden. Auch an Pergolas und Stangengerüsten sollten sie mindestens 30 cm entfernt gepflanzt werden.

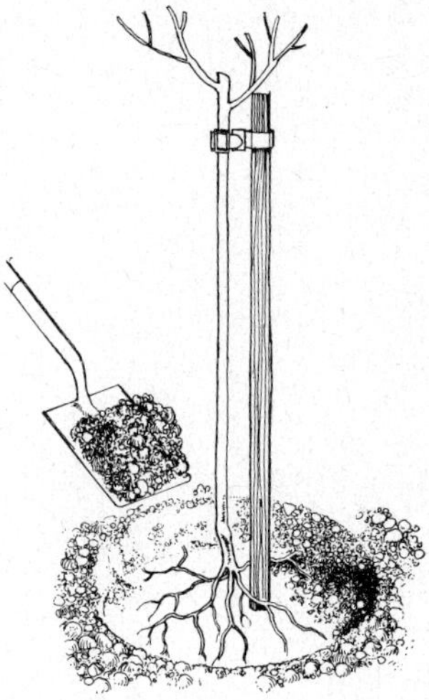

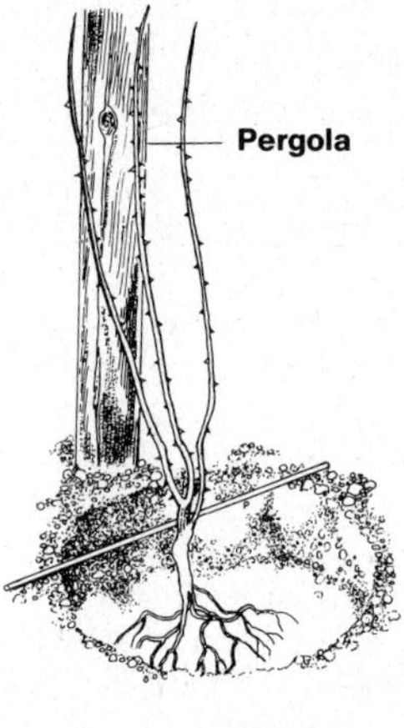

Die Pflege

Verglichen mit krautigen Pflanzen, machen Bäume und Sträucher mit holzigen Stämmen nur wenig Arbeit. Sie lassen sich nicht so leicht von benachbarten Pflanzen verdrängen und sind gegen Krankheiten im allgemeinen resistent. Hauptproblem ist ihre Größe, folglich Anfälligkeit bei Sturm und Wetter, und daß sie – bei Vernachlässigung gewissenhaften Schneidens – ganze Teile des Gartens »in Besitz nehmen«.

Bewässerung

Gehölze brauchen enorm viel Wasser – große Arten sogar mehr, als ein Gartenschlauch leisten kann. Doch reichen ihre Wurzeln in so tiefe Bodenschichten, daß sie dort fast immer genügend Wasser finden. Gut verwurzelten Sträuchern und Bäumen muß man deshalb nur selten mit dem Schlauch nachhelfen. Neupflanzungen dagegen sind sehr empfindlich und müssen so lange regelmäßig gewässert werden, bis die Wurzeln fest verwachsen sind, und das kann ein Jahr dauern. Beim Wässern wird der Boden stets gründlich durchfeuchtet. Ein zu zaghaftes Gießen hat zur Folge, daß die Wurzeln auf Wassersuche nach oben wachsen, wo sie erst recht durch Trokkenheit geschädigt werden können.

Unkrautbekämpfung

Ist ein Baum oder Strauch erst einmal gut angewachsen, so können ihm Unkräuter durch Entzug von bedeutenden Mengen Nährstoffen oder Wasser keinen Schaden mehr zufügen. Um eine Pflanze auf dem Rasen hält man einen mindestens 20 cm breiten Streifen Erde offen: einmal aus ästhetischen Gründen, zum anderen um den Stamm vor Beschädigungen durch den Rasenmäher zu bewahren, aber auch damit das Gras das Pflanzenwachstum nicht beeinträchtigt. Unkraut unter Gehölzen wird durch Hacken, Graben oder Jäten beseitigt; aber es geht dabei nicht ohne Gefahr ab, weil leicht der Stamm oder die Wurzeln verletzt werden und dadurch Krankheitserregern eine Angriffsfläche bieten. Auch bei Sträuchern mit flachen, faserigen Wurzeln besteht diese Gefahr, zum Beispiel bei Rhododendren. Obwohl man die Anwendung von Herbiziden (Unkrautvernichtungsmitteln) im Hausgarten besser vermeidet, werden sie häufig zur Unkrautvernichtung benutzt, ebenso Wachstumshemmer, die schon das Auftreten von Unkräutern in Rosenbeeten verhindern sollen.

Spritzmittel

Wie Herbizide sind auch Insektizide und Fungizide Chemikalien, auf deren Anwendung man verzichten sollte, wenn es sich irgend vermeiden läßt, weil sie zu ökologischen Schäden führen können. Sie erfüllen jedoch ihren Zweck und sind auch ungefährlich, wenn man sich genau an die Gebrauchsbestimmungen hält – bei einer unüberlegten Anwendung sind sie dagegen wertlos. Man muß ein großes Spritzgerät verwenden, um die gesamte Pflanze, und nicht nur die unteren Äste, mit einem dünnen Chemikalienfilm zu überziehen. Besonders gründlich sind die Blattunterseiten, Sproßspitzen und Knospen zu spritzen, da sich die Schädlinge dort gern sammeln. Große Druck-Spritzgeräte, die für Bäume und Sträucher geeignet sind, verfügen über ein Verlängerungsrohr, mit dem auch Äste in größeren Höhen erreicht werden können.

Dabei kann auch die Stärke des Zerstäuberstrahls verändert werden, damit die Flüssigkeit auch in unzugängliche Stellen an den Knospen und in Rindenspalten eindringt.

Düngen und Mulchen

Gehölze sind recht zäh und verfügen über ein ausgedehntes Wurzelsystem, das sie, auf der Suche nach Nahrung und Wasser, weit im Boden ausbreiten. Die meisten werden ganz ohne Düngung sehr gut gedeihen, doch sobald eine Pflanze nicht blüht oder kränklich aussieht, ist dies wahrscheinlich ein Zeichen dafür, daß ein bestimmter Nährstoff im Boden aufgebraucht ist. Bei der Anwendung von Mulchdecken wird Düngen nur selten nötig sein. Eine Mulchdecke ist eine Schicht aus Torf, Stroh, gemähtem Gras und sogar Sägemehl, die rund um den Stamm eines Baums oder unter Sträuchern ausgebreitet wird. Sie hat mehrere Funktionen. Einmal hält sie den Boden feucht, weil sie das Verdunsten der Bodenfeuchtigkeit verhindert; zum anderen verhindert sie das Gedeihen von Unkraut, da sie so locker gepackt ist, daß Unkräuter darin nicht wurzeln können. Schließlich verrottet sie und liefert auf diese Weise dem Boden neue Nährstoffe. Wenn nötig, gibt man noch Düngemittel dazu, die vorsichtig untergeharkt werden, um die Wurzeln nicht zu beschädigen.

Blattdüngung

Eine relativ neue Düngetechnik ist die Verwendung von Blattsprays, die lebenswichtige Nährstoffe und einige Spurenelemente enthalten, welche bei den herkömmlichen Düngern gewöhnlich fehlen. Sie werden wie Pestizide versprüht und können ganz erstaunliche Auswirkungen auf Wachstum und Färbung eines Strauches erreichen. Sie sind aber so teuer, daß eine Anwendung in großem Maßstab kaum in Frage kommt, höchstens einmal zur Behandlung einer speziellen Pflanze.

Frostschutz

Frost verschuldet an Gehölzen die unterschiedlichsten Schäden. Es ist fast

unvermeidlich, daß empfindliche Triebe zurückfrieren, die allerdings fast immer durch einen Neuaustrieb im Frühjahr ersetzt werden. Auch die Bodentemperatur ist von Bedeutung. Bei Flachwurzlern, wie Rhododendron, ist es daher ratsam, vor dem ersten Frost eine mindestens 6 cm dicke Mulchdecke aufzulegen. Immergrüne Pflanzen sind Frostschäden gegenüber am anfälligsten. Das Zusammenwirken von kalten Winterstürmen und Schnee kann irreparable Schäden anrichten.

Die Mulchdecke besteht aus einer Schicht organischen Materials. Sie hält den Boden feucht und warm. Beim Verrotten sorgen zusätzliche Nährstoffe für ein verstärktes Wurzelwachstum.

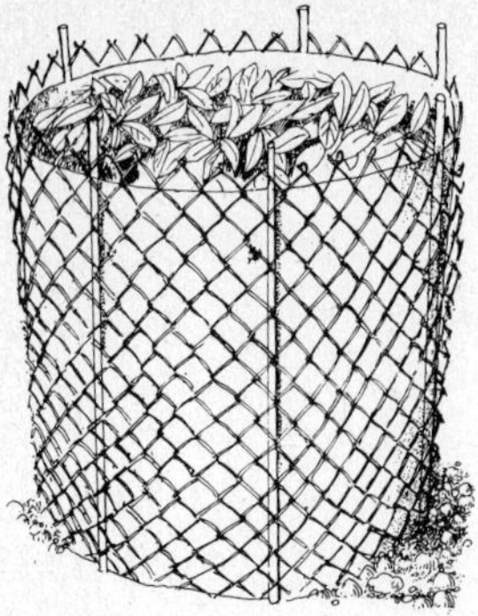

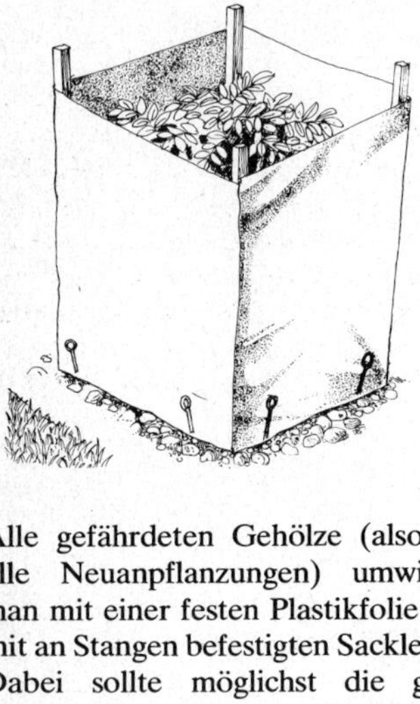

Alle gefährdeten Gehölze (also fast alle Neuanpflanzungen) umwickelt man mit einer festen Plastikfolie oder mit an Stangen befestigten Sackleinen. Dabei sollte möglichst die ganze Pflanze geschützt sein. Lediglich an der Spitze muß zwecks Lüftung eine kleine Öffnung bleiben. Dieser Schutz wird auch am Boden befestigt, damit die Kälte dort nicht eindringt, der Boden selbst nicht zu sehr auskühlt. Kleine Sträucher können noch wirkungsvoller geschützt werden, indem man die Umhüllung mit Stroh oder Farnkraut auspolstert.

Stützen

Wenn ein Baum über seinen Stützpfahl hinausgewachsen ist, braucht er, in ungeschützter Lage, immer noch einen Halt. Hier helfen starke Drähte, die an Pflöcken im Erdreich verankert sind und zu einem Ring reichen, der den Baum umschließt. Dieser Ring muß jedes Jahr neu angepaßt und gelockert werden, damit er nicht in die Rinde einschneidet. Auf gleiche Weise können auch große Äste gestützt werden: nur verlaufen hier die Drähte vom gefährdeten Ast zum Baumstamm.

Schnitt, Formschnitt und Erziehung

Mit Hilfe dieser drei Techniken läßt sich ein Baum oder Strauch so formen, daß er mit Ihrer Gartengestaltung übereinstimmt. Gleichzeitig werden die Pflanzen dadurch gesünder, Witterung und Krankheiten gegenüber widerstandsfähiger. Der Formschnitt ist eine brutale Technik, bei der große Teile der Pflanze – zum Beispiel überhängende Äste – entfernt werden, um das gesamte Aussehen zu verändern. Beim Schnitt werden Pflanzenteile begrenzter Größe entfernt, um ein gesünderes und dichteres Wachstum anzuregen. Das Erziehen ist der letzte Schritt der »Domestizierung« eines Baumes oder Strauches. Es bedeutet das Hinlenken von Ästen und Trieben in gewünschte Stellungen, die mit der Zeit, wenn sich der Holzteil festigt, dauerhaft bleiben.

Der Formschnitt oder das Entfernen großer Äste muß gründlich überlegt sein, will man den Baum nicht für immer schädigen. Das vorschnelle Entfernen großer Baumteile kann zu einseitigem oder schiefem Wachstum

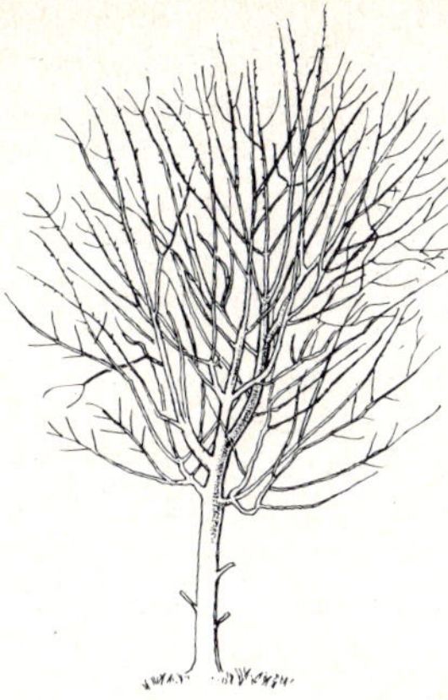

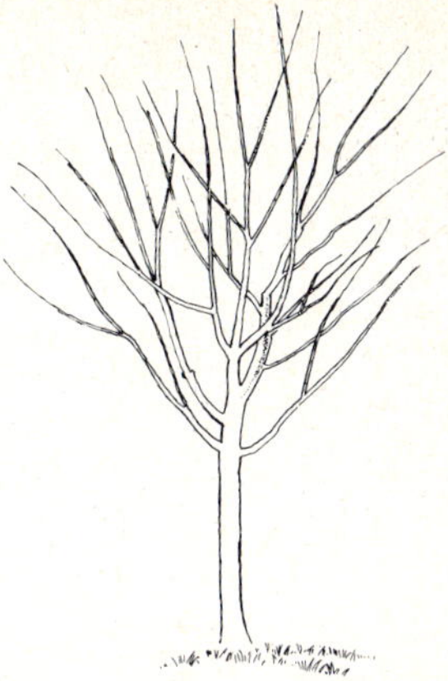

führen. Äste bis zu 4 cm Durchmesser kann man mit der Baumschere schneiden, doch für dickere Äste braucht man eine große, teure doppelseitige Ast- oder Durchforstungsschere. Bei ganz dicken Ästen benutzt man die Baumsäge, um ein Splittern des Holzes zu vermeiden.

Die Schnittechnik ist, unabhängig von der Aststärke, immer die gleiche. Zuerst wird der Ast etwa 10 cm vom endgültigen Schnittpunkt entfernt abgetrennt. Größere Äste bindet man mit einem Seil am Baum fest, um das Fallgewicht des durchgesägten Holzes aufzufangen. Gesägt wird von oben nach unten, damit das Gewicht des Astes den Schnitt öffnet. Ein kleiner Einschnitt an der Unterseite des Astes verhindert, daß die Rinde reißt, wenn der Ast fällt.

Jetzt kann der restliche Aststummel ohne Gefahr, daß die Rinde reißt oder das Holz splittert, in jeder beliebigen Richtung, aber glatt zum nächsten Holz (Stamm oder Ast), abgesägt werden. Das Nachbarholz darf auf keinen Fall beschädigt werden. Man legeiden Schnitt möglichst angeschrägt, damit das Wasser von der Narbe abfließen kann. Gezackte Holz- oder Rindenstücke werden mit einem scharfen Messer entfernt, die Wundränder sauber abgerundet. Die Wunden verheilen mit der Zeit; größere sollte man allerdings mit Baumwachs verschließen.

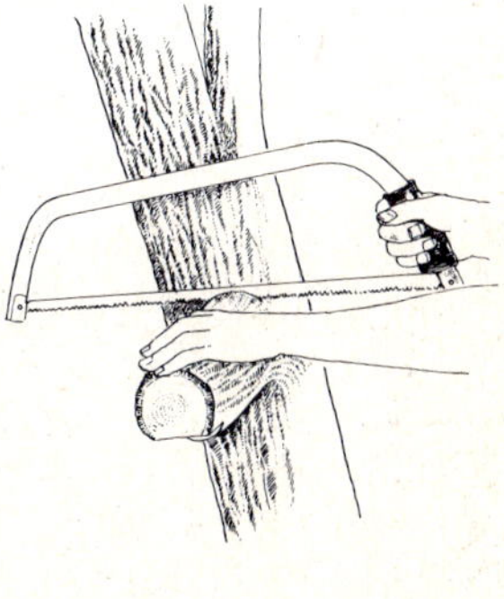

Sträucher schneiden

Die Schnittechnik für Büsche und Sträucher ist je nach Pflanze verschieden. Über ungewöhnliche Arten sollte man sich in einem Fachbuch informieren. Bei den bekannten, schnellwüchsigen Buschformen ähneln sich die Techniken jedoch weitgehend, obwohl man vor dem Griff zur Schere herausfinden muß, ob der Strauch am neuen oder am vorjährigen Holz blüht. Aber das hat man schnell im Blick.

Zuerst sucht man alle toten, beschädigten oder krank wirkenden Zweige und Äste heraus und schneidet sie mit der Baumschere möglichst dicht an der Basis diagonal ab, damit das Regenwasser ablaufen kann. Dann sucht man nach neuen, aus den Wurzeln herauswachsenden Trieben. Viele unserer Ziersträucher sind auf Wurzelstöcke weniger empfindlicher, aber auch nicht so dekorativer Gehölze gepfropft, so daß die daraus entspringenden Wurzeltriebe das Aussehen verderben können. Diese Triebe möglichst unter der Erde abtrennen.

Man trete ein paar Schritte zurück, um die Gesamtform der Pflanze, ihre gewünschte Größe und Fasson zu betrachten und entferne alle unschönen Äste, aber auch solche, die zu dicht stehen, um ungestörtes Wachstum anderer zu gewährleisten; ferner häßliche und dünne Triebe, besonders Äste, die von den äußeren Zweigen stark beschattet werden.

Schnittzeit

Frühlingsblüher wie Forsythien *(Forsythia)* und Jasmin *(Jasminum)* blühen

Sträucher schneiden

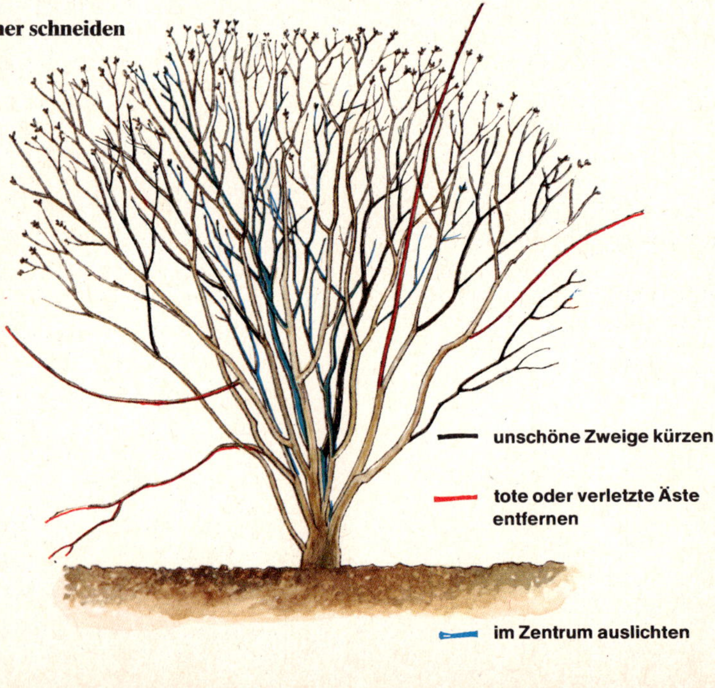

vor Austrieb der Blätter. Sie werden möglichst bald nach dem Blühen geschnitten. Sommer- und Herbstblüher schneidet man während ihrer Winterruhe. Blüten bilden sich allgemein an frisch gewachsenen Trieben, deshalb ist ein starker Rückschnitt, der viele neue Triebe entfaltet, natürlich von Vorteil. Der Schnitt kann im Winter zu jeder Zeit durchgeführt werden; besonders günstig ist es jedoch kurz vor Beginn des neuen Frühlingswachstums.

Der beste Rat für das Schneiden von Nadelgehölzen lautet: nicht schneiden. Die Schönheit der meisten Koniferen liegt in ihrer perfekten Form, die durchs Schneiden nur verdorben wird. Ausnahmen bilden die niederliegenden Formen wie kriechender Wacholder, bei dem man unerwünschte oder an falscher Stelle wachsende Zweige entfernen kann.

Auch breitblättrige, immergrüne Gehölze vertragen das Schneiden schlecht.

Rosen schneiden

Alle Rosen, gleich welcher Art oder Sorte, müssen jedes Jahr geschnitten werden.

Edelrosen und Beetrosen werden

Rosenschnitt

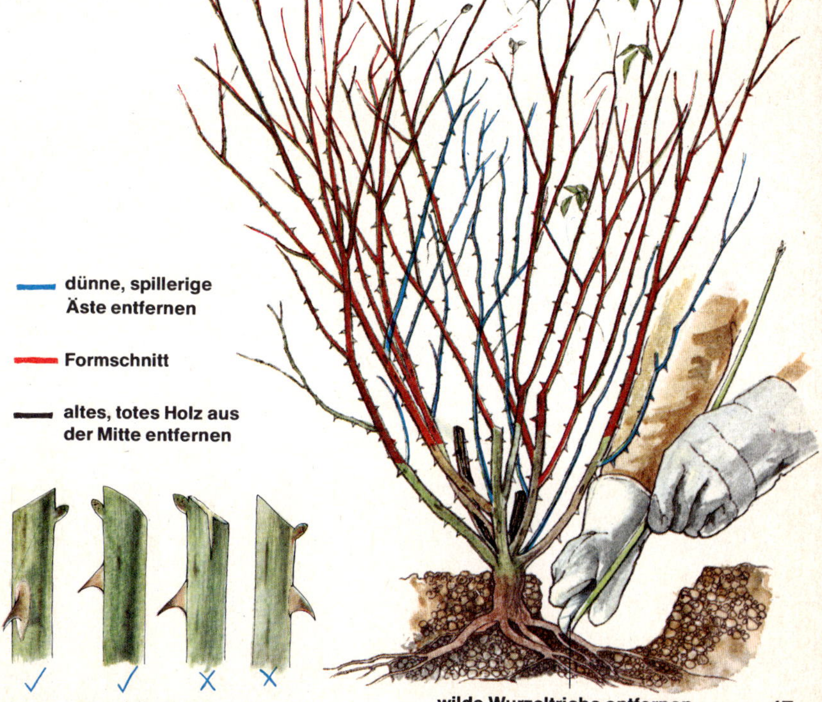

zweimal geschnitten. Der Winterschnitt wird ausgeführt, wenn der erste Frost die restlichen Knospen welken läßt. Die dünnen Triebe und Hauptstämme werden je nach Größe des Busches 30–40 cm über dem Boden abgeschnitten.
Der zweite Schnitt erfolgt im Frühjahr, kurz bevor das Wachstum wieder einsetzt. Dabei werden zunächst alle dünnen und in falscher Richtung wachsenden Stiele so weit unten an der Pflanze abgeschnitten, daß aus verbleibenden Knospen keine Triebe mehr nachwachsen können. Diese Knospen sind als kleine rosa Fleckchen erkenntlich, die in Narben an den Stielen eingebettet sind. Ein Splittern und Reißen muß beim Schneiden unbedingt vermieden werden. Erst dann werden die verbleibenden Stiele, die die Grundlage für den neuen Wuchs der Rose bilden, beschnitten.
Die Meinungen über die richtige Schnittstelle sind unterschiedlich. Folgende Technik ist weit verbreitet: Man sucht unten am Stiel nach der untersten nach außen weisenden Knospe und schneidet knapp darüber. Das bedeutet oft, daß der Busch auf eine ganz geringe Höhe zurückgeschnitten wird, aber das schadet ihm überhaupt nicht. Bei einem an dieser Stelle durchgeführten Schnitt richtet sich das neue Wachstum nach außen und bildet einen wohlgeformten Busch. Wenn man jedoch aus den Erfahrungen vergangener Jahre weiß, daß die Rose sehr in die Breite wächst – bei manchen Beetrosen ist dies der Fall –, kann man durch Zurückschneiden auf nach innen weisende Knospen einen aufrechten, geschlossenen Wuchs erzielen. Die genaue Schnittstelle muß sorgfältig gewählt werden. Schneidet man zu dicht an der Knospe, läßt das Zurücksterben die Knospe verdorren, und man verliert einen ganzen Stiel. Die Abbildungen auf Seite 47 zeigen die genaue Schnittposition. Jede andere Schnittstelle führt zu absterbenden Knospen und bietet Krankheitserregern eine Angriffsfläche.
Das Entfernen von Seitentrieben ist sehr wichtig. Sie dürfen keinesfalls mit neuen Trieben aus der Veredlungsstelle verwechselt werden! Solche neuen Austriebe sind für die Jungerhaltung der Pflanze entscheidend, ihr kräftiges Wachstum Garantie für eine reiche Blüte. Seitentriebe entspringen aus der Wildrosen-Unterlage, auf die die Gartenrose gepfropft wurde, und sehen ganz anders aus. Sie sind gewöhnlich dornenreicher und haben eine andere Blattform als die Beetrose. Hier entfernt man die Erde so weit, daß man den Wildtrieb möglichst nahe an seinem Ursprung im Wurzelbereich entfernen kann.
Während der Blütezeit beschneidet man Rosen, indem man ihnen die Blüten kappt. Dabei sollte man sich überlegen, welche Auswirkung der jeweilige Schnitt auf die Pflanze hat, besonders auf langstielige Edelrosen. Das Jahr über entstehen an solchen Schnittstellen häufig weiche, dünne Triebe, ohne Blütenknospen, die so aussehen, als ob sie zur Blütenbildung zu schwach seien. In solchen Fällen reibt man die Sproßspitze mit dem Daumen weg oder schneidet den Trieb vorsichtig an seiner Verbindungsstelle mit einem stärkeren Zweig ganz ab.

Das Erziehen

Durch Kombinieren von Schneiden und Beschränken oder Umleiten des Wachstums kann ein Baum oder Strauch eine seinem natürlichen Wuchs nicht mehr entsprechende Form erhalten. Die große Kunst dieses »Erziehens« besteht nun darin, die erstrebte unnatürliche Form so natürlich wie möglich erscheinen zu lassen. Sich selbst überlassene Gartenbäume produzieren meistens schon vom Boden ab am ganzen Stamm hoch eine Unmenge Äste, so daß eine richtige Baumkrone überhaupt nicht zu erkennen ist. Das kann man durch den Erziehungsschnitt ändern. Bei einem jungen Baum müssen zum Beispiel für eine gute Kronenbildung alle Seitentriebe sofort entfernt werden. Am besten reibt man sie gleich aus, wenn sie sich durch die Rinde drücken. Will man den Baum dazu bringen, daß er eine bestimmte Höhe erreicht, so wählt man einen Trieb als späteren Stamm und entfernt alle anderen Seitentriebe. Im Normalfall nimmt man einen großen, kräftigen Trieb, der schon die gewünschte Stellung hat. Er wird an den Stützpfahl gebunden, damit er schön gerade in die Höhe wächst.

Bäume werden im allgemeinen zu Hochstamm- oder Halbstammformen erzogen, das heißt Seitentriebe müssen entfernt, das horizontale Wachstum gefördert werden, bis die gewünschte Stammhöhe erreicht ist. Dann darf der Baum sich natürlich verzweigen. Ein Hochstamm bildet die ersten Äste gewöhnlich in Kopfhöhe; ein Halbstamm etwa 1 m über dem Boden.

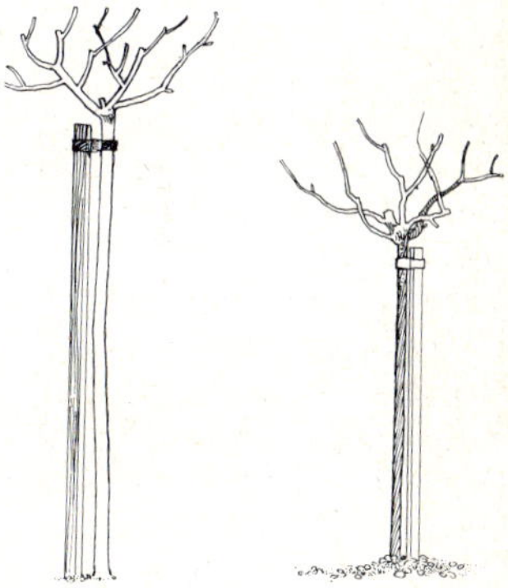

Hochstamm **Halbstamm**

Auch halb herangewachsene Bäume können noch durch einen vorsichtigen Formschnitt umerzogen werden. Manchmal wird ein Baum zu hoch, ehe er sich verzweigt. Dann schneidet man den Mittelstamm zurück – man kappt die Spitze – und zwingt damit den Baum zur Ausbildung neuer Seitentriebe. Durch ähnliche Techniken werden Bäume zu gänzlich unnatürlichen Formen erzogen, zum Beispiel für Spaliere.

Beim Kordon sollen die Äste waagerecht nach rechts und links wachsen; beim sogenannten Fächer stehen sie

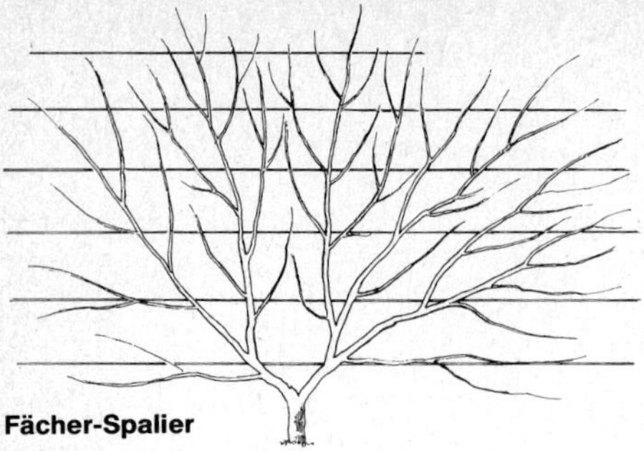

Fächer-Spalier

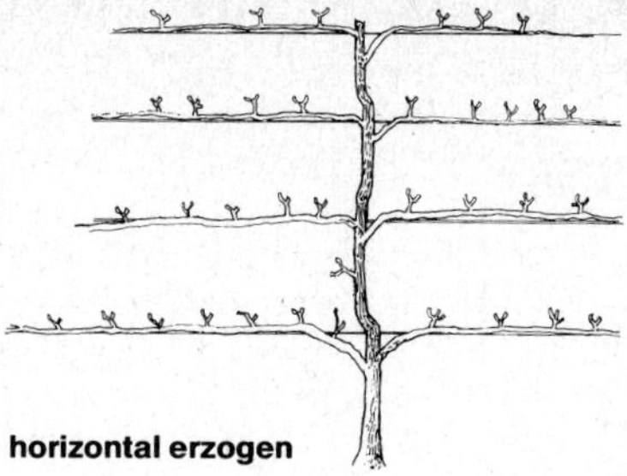

horizontal erzogen

ebenfalls in einer Ebene, aber in einem ganz bestimmten Winkel zum Stamm. Für diese Formen braucht man einen Stützrahmen, an dem die jeweiligen Äste befestigt werden. Während der Wachstumsperiode ist eine ständige Kontrolle nötig. Selbst eine Kletterpflanze wie die Glyzinie *(Wisteria)*, die einen kräftigen, holzigen Stamm hat, kann eine aufrechte Baumform annehmen, wenn man sie an einem Pfahl entsprechend erzieht. So wird daraus ein wunderschöner, überhängender kleiner Baum mit einer reichen Blütenpracht, der am besten in einem Kübel steht, damit man ihn je nach Sonnenstand verschieben kann.

Vor Wänden stehende Bäume und Sträucher müssen schon deshalb erzogen werden, damit sie nicht am Mauerwerk scheuern oder in die Nähe von Dachrinnen und Fenstern gelangen. Diese Probleme stellen sich nicht, wenn man an ihrer Stelle eine selbstrankende Kletterpflanze wählt, die nur ein Minimum an Pflege braucht.

Einige niedergestreckte oder kriechende Baum- oder Straucharten benötigen Erziehung, damit sie im Garten zu nützlichen Bodendeckern werden. Kriechende Mispelsorten eignen sich ausgezeichnet zum Verbergen unschöner Drainagedeckel. Damit sie in die gewünschte Richtung wachsen, müssen allerdings die widerspenstigen, sperrigen Äste angebunden, gestutzt oder zurückgeschnitten, senkrechte Triebe ganz entfernt werden.

Wacholder und Nadelgehölze gibt es in attraktiven, niedergestreckten Sorten. Wenn man aber die schöne, regelmäßige Form nicht zerstören will, sind diese Gehölze nur schwer zu erziehen. Bei einem Schnitt dürfen nur die äußeren Triebe entfernt werden, weil sonst unschöne Löcher zurückbleiben, die erst nach langer Zeit zuwachsen.

Kletterpflanzen

Die meisten Kletterpflanzen, die nicht selbständig ranken, brauchen Unterstützung und sorgfältige Erziehung. Die Waldrebe *(Clematis)* zum Beispiel kann sich selbst halten, wenn ihre Ranken ein paarmal um einen Rahmen geschlungen werden. Einige Kletterpflanzen bilden auf der Suche nach weiterem Halt lange Seitentriebe aus. Diese wandernden Ranken steckt man in die Hauptmasse der Pflanze oder lenkt sie um ein Klettergerüst. Dünne und überflüssige Triebe werden zurückgeschnitten.

Hecken

Eine neugepflanzte Hecke muß sorgfältig etwas zurückgeschnitten werden, wenn sie gedeihen soll. Jede einzelne Pflanze wird während ihres Wachstums geschnitten und geformt. Dabei sollte man zunächst nicht die endgültige Höhe im Auge haben, sondern vielmehr darauf achten, daß zunächst niedrige, aber dichte und buschige Pflanzen entstehen, die bald eine dichte Hecke bilden. Häufiges Schneiden fördert die Astbildung. Auf dieser Grundlage kann man die Hecke während ihres Wachstums allmählich seinen Vorstellungen entsprechend formen.

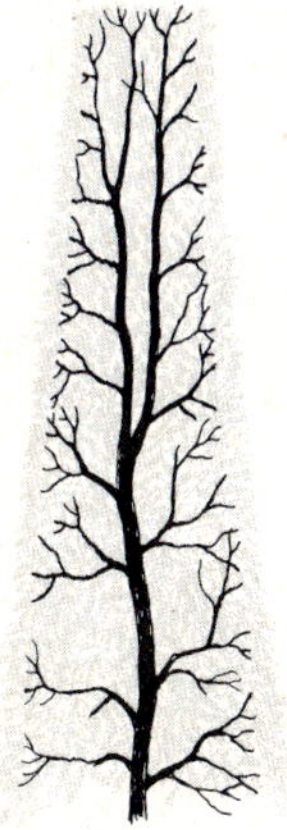

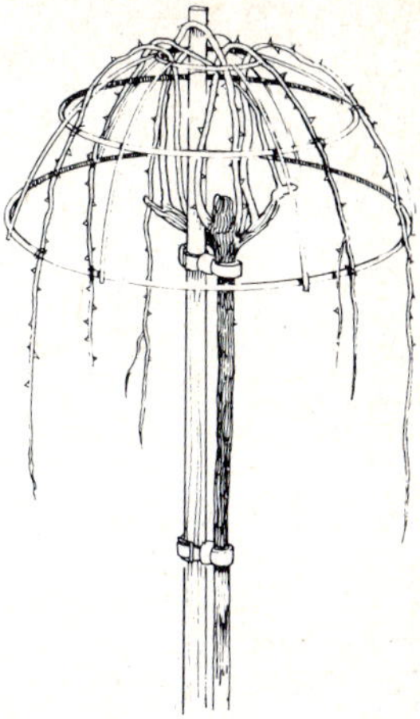

Kletterrosen

Wie Edel- und Beetrosen müssen auch Kletterrosen geschnitten werden. Die meisten Kletterrosen blühen am vorjährigen Holz, das heißt an Trieben, die im Vorjahr keine Blüten getragen haben. Das Schneiden hat den Sinn, Holz zu entfernen, das schon Blüten ausgebildet hat, und Triebe zu erhalten, die am Boden entspringen. Also schneidet man alles alte Holz genau über der Stelle ab, an der der neue Trieb wächst.

Kletterrosen sind anfällig für Windschäden. Sie müssen gut an Spalieren aus Holz oder Draht befestigt werden. Hängende Rosen brauchen spezielle Pflege. Sie benötigen mindestens ein Jahr, um gut anzuwachsen, und müssen über einem reifrockähnlichen Drahtgestell, das von einer kräftigen Stange gestützt wird, erzogen werden. Im ersten Jahr dürfen sie nicht blühen. Alle Knospen müssen herausgeschnitten werden. Statt dessen fördert man das Wachstum der kräftigsten Triebe, indem man sie gut am Rahmen festbindet und so ausbreitet, daß keine unschönen Lücken entstehen. Wie bei allen anderen Rosen werden auch hier die dünnen Triebe entfernt. Später kann man diese Rosenform wie jede Kletterrose schneiden.

Besondere Gestaltungsformen

Bäume und Sträucher lassen sich leicht in einen schon bestehenden Garten einfügen, ohne daß große Veränderungen erforderlich sind. Vielleicht soll aber mit ihrer Hilfe auch ein besonderes Element im Garten entstehen, durch das Charakteristisches – Formen oder Farben – hervorgehoben oder Unschönes verdeckt wird. Das Einfügen eines Steingartens, einer Hecke oder eines erhöhten Beetes beispielsweise erfordert nicht unbedingt eine völlige Umgestaltung des Gartens. Aber ein paar Gedanken und ein wenig Arbeit muß man schon investieren, damit solche Elemente an der rechten Stelle entstehen und das harmonische Bild des Gartens abrunden.

Natürliche Gestaltung

Man kann seinem Garten künstlich ein Gesicht geben, das ganz natürlich wirkt. Wer zum Beispiel in einer Gegend mit sehr torfreichem Boden oder in einer ehemaligen Heidelandschaft wohnt, kann ohne Schwierigkeiten einen Heidegarten anlegen oder Nadelgehölze und Rhododendren pflanzen. Schließlich gehören sie zu den ersten Gewächsen, die hier lebten. Wo bereits viele hohe Bäume stehen, ist der Weg zu einem kleinen Wald nicht weit, und er braucht nur sehr wenig Pflege.

Die Umgestaltung

Wenn man sich über seine eigenen Wünsche, über Bodenbeschaffenheit, Klima und das Arbeitsmaterial im klaren ist, kann ruhig mit der Landschaftsgestaltung, der Umgestaltung oder sonstigen Veränderungen begonnen werden.

Das bedeutet nicht unbedingt Erdbewegungen im großen Stil. Selbst im kleinsten Garten kann man Zwergbäume und -sträucher pflanzen. Die erforderlichen Umgestaltungen, um diesen Gewächsen geeignete Wachstumsbedingungen zu schaffen, sind verhältnismäßig gering. Dabei darf nicht vergessen werden, daß Bäume und Sträucher nur einen Teil des Gesamtgartens darstellen und daß Veränderungen auch Wege, Mauern, Innenhöfe und andere Dinge betreffen können, die die Pflanzorte abgrenzen oder beeinflussen. Manchmal ist es wirklich nötig und erwünscht, durch das Bewegen riesiger Erdmengen buchstäblich eine neue Landschaft anzulegen. Der Versuch, diese Arbeit manuell auszuführen, ist sinnlos. Statt dessen sollte man für einige Stunden einen Bagger mieten.

Der Boden ist wichtig

Beim Abtragen großer Erdmengen ist der freigelegte Boden unfruchtbar, wenn er bisher 60 cm tief lag. Dieser freigelegte Unterboden muß mit der abgehobenen oberen Humusschicht wieder bedeckt werden, oder man muß neuen Humus anfahren lassen. Nach derartiger Landschaftsbildung braucht der Boden Jahre, bis er sich richtig gesetzt hat. Bäume, die in lockere Abhänge gepflanzt werden, stehen später oft schief, weil sich der Boden bewegt und setzt. Deshalb sollten nach einer solchen Umgestaltung zunächst nur die ebenen Flächen bepflanzt werden. Auf der anderen Seite tragen Pflanzen- und Baumwurzeln zur Stabilisierung des neu geformten Bodens bei.

Erhöhte Beete

Erhöhte Beete bilden eine der einfachsten Methoden, in einem kleinen Garten etwas Besonderes anzulegen. Sie lassen sich sehr schön mit kleinen Bäumen oder Sträuchern bepflanzen, die einerseits gut sichtbar sind, andererseits jedoch nicht von größeren Pflanzen überdeckt werden können. Besonders geeignet sind sie als Abgrenzung zu einem Weg oder Innenhof. Natürlich kann man sie auch mit allen möglichen anderen Pflanzen besetzen.

Diese Beete können aus unterschiedlichem Material bestehen. Wer ohne Schwierigkeiten an große Steinbrokken kommt, kann daraus durchbrochene Mauern für ein Beet gestalten. Der Abstand zwischen den Mauern, der mindestens 30 cm betragen sollte, wird mit Erde aufgefüllt, in die die Pflanzen gesetzt werden. Große Steine können als »Trockenmauer« aufgesetzt werden, oder wie eine Mauer aus Ziegelsteinen mit Mörtel. Auch Ziegelsteinmauern aus alten, verwitterten Steinen aus Abbrüchen wirken sehr gut. Um den Mauern Stabilität gegen den erheblichen Druck der Erde zu geben, verbindet man sie – im Abstand von etwa 1 m – durch Stützmauern oder Eisenbänder. Zwischen den Ziegelsteinen läßt man in regelmäßigen Abständen Lücken, in denen rankende Pflanzen wurzeln können. Dadurch wirkt das Beet natürlicher.

Am einfachsten ist das Anlegen eines erhöhten Beetes aus fertigen Beton- oder Gehwegplatten. Angeschlagene Platten bekommt man gewöhnlich

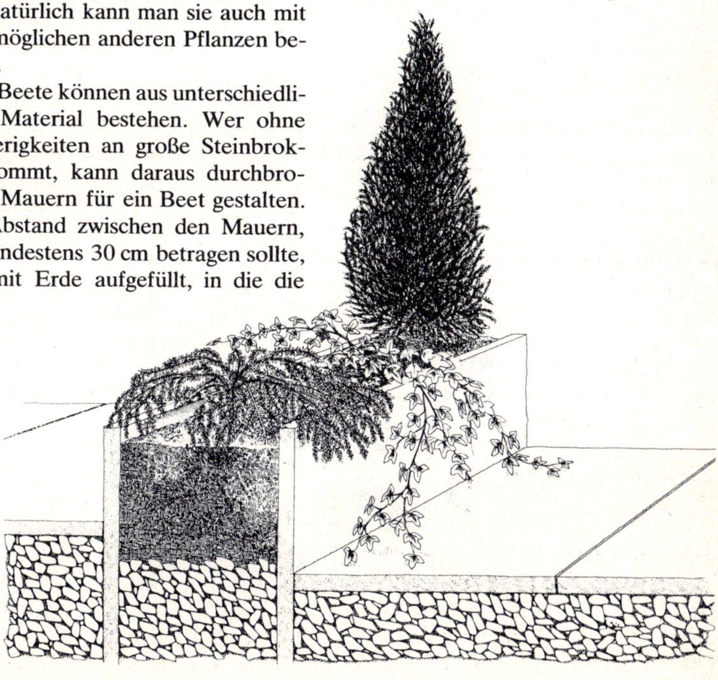

sehr preiswert. Diese Beete sehen zwar streng aus, passen aber recht gut in den Winkel eines Innenhofes oder an den Rand einer Terrasse. Sie werden mindestens 30 cm tief über Eck in die Erde eingelassen. Direkt an gepflasterten Wegen oder Innenhöfen brauchen sie weiter keinen Halt; ansonsten muß man sie durch waagerecht angepreßte Steine stützen. Innen wird zuunterst eine 10 cm dicke Schicht Kiesel als Halt und Drainage eingeschüttet, erst dann die Erde. In so angelegte Beete setzt man am besten kleine Bäume und Sträucher; denn große Arten könnten die Steinkonstruktion sprengen und sind ausgewachsen nur schwer wieder zu entfernen.

Heidegärten

Anlagen mit Erika und anderen Pflanzen, die Kalk nicht mögen, sind sehr dankbar. Sie sind widerstandsfähig und langlebig – wenn sie die richtigen Wachstumsbedingungen finden – und brauchen nur wenig Pflege. Fast alle

Arten verlangen neutralen oder sauren Boden. Das bedeutet meistens, daß man eine bestimmte Fläche für sie vorbereiten muß. Am einfachsten ist es, ein erhöhtes Beet aus Torfblöcken zu errichten. Diese festen Blöcke lassen sich zu Wänden oder Terrassen stapeln. Wenn sie nicht auf gepflastertem Boden, sondern direkt auf der Erde liegen, saugen sie sich allmählich von unter her mit hartem Wasser voll, das den Säuregehalt neutralisiert. Bei einer normalen Anlage sollte der Boden aus einem Teil kalkfreiem Lehm, einem Teil Torf und einem Teil Sand bestehen. Erst wenn sich diese Mischung gut gesetzt hat, wird Erika gepflanzt.

Vorhandene neutrale oder saure Böden werden mit viel Torf und einigen Hornspänen aufbereitet. Im Idealfall federt der behandelte Boden leicht, ist nicht zu feucht und liegt schattig. Erika wird ziemlich tief gepflanzt, die Erde gut festgetreten. Bei guten Bedingungen breitet sich Erika rasch aus. Es geht noch schneller, wenn man kräftige Außentriebe flach auf den Boden legt und mit Steinen oder Draht flachhält. Nach etwa einem Jahr sind sie fest verwurzelt und können abgetrennt und versetzt werden. Einmal im Jahr versorgt man Erika mit Hornspänen, gibt aber niemals einen Volldünger. Anlagen aus Torfblöcken bröckeln leider mit der Zeit ab.

Erika gibt es in den unterschiedlichsten Größen; manche sind moosähnlich, andere entwickeln sich zu größeren Büschen. Sie braucht kaum Pflege. Sind die alten Blütenstengel herausgeschnitten, bildet sie den ganzen Sommer über neue Blüten aus. Für einen Heidegarten eignen sich außerdem kleine Rhododendren (Typ Azalea), Enzian *(Gentiana),* Farne und kleine Lilien.

Hecken

Die meisten Bäume und Sträucher eignen sich für eine Heckenpflanzung, aber nur wenige vertragen das häufige Zurückschneiden und Trimmen, das bei einer ordentlichen, städtischen Hecke nötig ist. Wer es sich vom Platz her leisten kann, sollte auch einmal etwas ungewohnte Arten ausprobieren, wie Mispeln *(Cotoneaster),* Fuchsien, Hortensien *(Hydrangea),* Rosen, Rhododendren oder Spieren *(Spirea).* Durch eine Mischung verschiedener Arten wird eine Hecke interessanter und wirkt weniger streng. Für eine schnellwüchsige und dichte Hecke eignet sich Weißdorn *(Crataegus).* Er wächst schnell, aber unordentlich, kann aber neue Grundstücke in kurzer Zeit abschirmen, später wieder ausgegraben und durch attraktivere Pflanzen ersetzt werden. Da er bestimmten Schadinsekten als Herberge dient, darf er bei uns nicht in allen Gegenden gepflanzt werden. Man sollte sich vorher von einer Baumschule beraten lassen.

Escallonia
Eine wunderschöne Heckenpflanze für mildes Seeklima. Sie ist immergrün mit herrlichen, roten Blüten, die leider keinen Frost vertragen, dafür gegen Salzwasser unempfindlich sind.

Buchsbaum *(Buxus)*
Seit Jahrhunderten werden Blumenbeete und Wege in gepflegten Gärten durch langsam wachsende, niedrige, immergrüne Buchsbaumhecken abgegrenzt. Buchsbaum ist sehr widerstandsfähig, muß aber bei Trockenheit bewässert werden.

Scheinzypresse *(Chamaecyparis)*
Die immergrünen, säulenförmig wachsenden Sorten der Scheinzypresse bilden schmale, dichte Hecken. Sie sind schnellwüchsig und absolut winterhart. Bei manchen Züchtungen schimmert das Nadelwerk bläulich und wirkt dadurch ausgesprochen apart. Den regelmäßigen Schnitt führt man besser mit der Garten-, nicht der Heckenschere aus.

Liguster *(Ligustrum)*
Liguster verträgt auch die schlechteste Großstadtluft, wächst schnell, ist widerstandsfähig, tötet aber die meisten anderen Pflanzen seiner nächsten

Umgebung ab. Die goldblättrige Form ist aparter und wuchert nicht so stark. Ligusterhecken brauchen regelmäßigen Kegelschnitt, um sie vor kahlen Stellen im unteren Teil zu schützen.

Buche *(Fagus)*
Gewöhnliche Buchen *(Fagus)* und Rotbuchen *(Fagus silvatica)* bilden sehr schöne, jedoch langsam wachsende Hecken. Es sind zwar Laubbäume, sie haben aber den ungewöhnlichen Vorteil, daß sie das abgestorbene Laub im Winter nicht abwerfen und deshalb immer dichte, farbige Hecken bilden. Die Buche wächst so langsam, daß sie nur einmal im Jahr geschnitten werden muß. Sie kann schmal gehalten werden und verträgt fast alle Böden und tiefen Schatten.

Stechpalme *(Ilex)*
Stechpalmen sind hervorragende Heckenpflanzen. Die weiblichen Pflanzen produzieren Beeren, brauchen dazu aber männliche als Bestäuber. Beim Kauf sollte man darauf achten, ob die Pflanzen entsprechend gekennzeichnet sind, damit man sie abwechselnd setzen kann, um beerenlose zu vermeiden. Der Schnitt wird mit der Garten-, nicht mit der Heckenschere ausgeführt; denn angeschnittene Blätter fallen nicht ab und sehen häßlich aus. Ilex gedeiht in Sonne und Schatten.

Eibe *(Taxus)*
Eiben bilden eine dichte, immergrüne Hecke, die sehr schmal gehalten werden kann. Sie haben einige Nachteile. Die Beeren sind giftig; das Blattwerk ist dunkel und wird in Städten schnell staubig; die Pflanzen wachsen sehr langsam. Doch trotz dieser Einschränkungen ist eine Taxus-Hecke bei richtiger Pflege wunderschön.

Heckenkirsche *(Lonicera)*
Die Sorte *Lonicera-pileata* »Yunnanensis« ist immergrün, hat kleine Blätter und wird bis zu 1,5 m hoch. Im Mai und Juni zeigen sich unzählige blaßgelbe Blüten, aus denen später purpur-violette Beeren heranreifen. Eine wunderhübsche Schattenhecke, die aber nicht sehr widerstandsfähig gegen Schneelast oder mechanische Einwirkung ist.

Feuerdorn *(Pyracantha)*
Wer an einer trocknen, frei stehenden Stelle mit viel Sonne eine Hecke anlegen möchte, sollte Feuerdorn wählen. Er wächst ziemlich schnell und muß nur ab und zu etwas mit der Gartenschere zurückgeschnitten werden, nicht mit der Heckenschere. Es gibt Sorten mit roten, gelben oder orangefarbenen Beeren. Bei zu starkem Rückschnitt tragen die Sträucher keine Beeren.

Berberitze *(Berberis)*
Die rotblättrige Sorte *Berberis thunbergii atropurpurea* (s. Abb.) bildet eine sehr hübsche Hecke und eignet sich besonders für Stadtgärten. Sie gedeiht nur in sonniger Lage und muß im Herbst zurückgeschnitten werden, damit sie nicht struppig wird. *Berberis stenophylla* ist eine besonders reizvolle Heckenpflanze. Im Frühjahr sind die Blätter goldfarben, im Herbst zeigen sich gelbe Blüten und purpurne Beeren. Sie ist ziemlich stachlig und bildet große, breite Hecken, die in kleinen Gärten wohl zuviel Platz beanspruchen würden.

Feuerdorn Buche Berberitze

Escallonia Liguster Heckenkirsche

Schattenplätze

Schattige Plätze bilden ein besonderes Problem. Oft ist der Boden so schlecht, daß nur die zähesten Pflanzen gedeihen. Ein ständig im Haus- oder Baumschatten liegender Garten verliert seine Fruchtbarkeit, weil mit der Zeit die belebende Wirkung des ständigen Pflanzenbewuchses fehlt. Durch Bepflanzen mit Bäumen und Sträuchern, die im Schatten und bei schlechten Bodenbedingungen leben können, kann man versuchen, diesen tödlichen Kreislauf zu unterbrechen. Oder man versucht es mit einer Verbesserung des Bodens durch Aufschüttung einer neuen Humusschicht und Änderung der Lichtverhältnisse.

Es gibt einige schöne Pflanzen, die im tiefsten Schatten gedeihen oder doch wenigstens überleben. Es sind meistens Waldpflanzen, die an Schatten gewöhnt sind. Birken, Rhododendren, kleine Weidenarten und der Erdbeerbaum vertragen Schatten, und Efeu rankt bei allen Lichtverhältnissen üppig. Ist der Boden nicht gar zu

Lavendel **Eibe**

Buchsbaum **Scheinzypresse** **Stechpalme**

schlecht, gedeihen auch Kamelien in schattigen Winkeln. Bei anderen blühenden Gehölzen ist es schwieriger. Die Kletterhortensie *Hydrangea petiolaris* bringt im Schatten eine Unmenge weißer Blüten hervor, ebenso die mit Liguster verwandte Rainweide *Ligustrum ovalifolium.* Auch einige Koniferen können im Schatten stehen, aber immergrüne Gewächse wirken unter diesen Bedingungen oft recht düster, und die hellfarbigen, goldenen Arten brauchen mehr Licht.

Als Bodendecker bieten sich in schattigen Lagen kriechende oder niedergestreckte Bäume und Sträucher an, denn krautige Pflanzen mögen im allgemeinen keinen Schatten. Bodendecker sorgen dafür, daß das im Boden vorhandene Wasser nicht so schnell verdunstet, und sie unterdrükken das Unkraut. Das 30 cm hohe Johanneskraut *(Hypericum calycinum)* bildet einen dichten, immergrünen Bodenteppich und treibt im Sommer unzählige kleine gelbe Blüten. Diese Pflanze, einige Geißblattarten *(Lonicera)* und Efeu breiten sich sehr schnell aus. Man muß sie unter Kontrolle halten, denn wenn sie einmal sonnige Stellen erreichen, wachsen sie noch schneller. Auch einige Bambussorten vertragen Schatten. Sie müssen aber durch Mauerwerk eingeschlossen werden, weil sie sonst in kürzester Zeit den ganzen Garten überwuchern.

Pflanzgefäße

Die meisten Bäume und Sträucher können mit Erfolg in Pflanzgefäßen untergebracht werden. Das hat Vorteile; denn man kann sie an einen anderen Platz transportieren, und außerdem wird durch das Einengen der Wurzeln das Wachstum beeinflußund kontrollierbar.
Passende Pflanzgefäße findet man leicht. Es eignen sich Fässer, Holzkübel, Steintröge, alte Spülsteine, sehr große Tontöpfe oder extra angefertigte Betontröge. Alle Gefäße müssen Drainagelöcher erhalten, weil sonst die Gehölze im Wasser stehen und die Wurzeln verfaulen. Zuerst wird das Gefäß mit einer 5 cm dicken Schicht Kiesel oder Ziegelsteinschotter, dann mit einer Mischung aus 2 Teilen Lehmerde, 1 Teil Torf, 1 Teil Sand und einer großzügig bemessenen Portion Hornspäne gefüllt. Dahinein setzt man sorgfältig wie eine Zimmerpflanze den Baum oder Busch und drückt die Erde gut fest. Für eine große oder groß werdende Pflanze darf eine Stütze nicht vergessen werden.
Ausreichendes Düngen und Bewässern ist lebenswichtig, weil die Pflanze

vorhandene Nährstoffe bald erschöpft hat. Vor dem Urlaub stelle man das Gefäß in feuchter Ecke auf den Boden oder grabe es ein und häufle rundum Erde an.
Wer über ein Gewächshaus verfügt, kann empfindliche, in Gefäßen stehende Bäume und Sträucher, wie Fuchsien und Lorbeerbäume, den Winter über hineinstellen. Ansonsten werden Pflanzen in Gefäßen genauso behandelt wie Gartenpflanzen, außer daß sie sorgfältiger geformt und zurückgeschnitten werden müssen und etwas mehr Wasser brauchen.

Wäldchen

Die wenigsten Menschen sind glücklich über ein Stück Wald in ihrem Garten. Die Gelegenheit einer Anlage bietet sich meistens nur, wenn man einen völlig vernachlässigten, großen Garten mit alten Bäumen in einem undurchdringlichen Dickicht übernimmt. Beim Säubern sollte nicht gleich gefällt, sondern zuerst einmal das Unterholz gerodet werden. Erst dann werden so viele Bäume entfernt, daß eine Halbschattenzone entsteht, in der zarte Gehölze vor Frost und Wind geschützt sind. Dort bildet sich dann auch ein feuchtes Klima für schattenliebende, krautige Pflanzen wie zum Beispiel Farne. Ideale Bedingungen, wie man sie anstreben sollte, sind sonnengesprenkelte schattige Stellen, wie man sie unter Birken findet. Das bedeutet jedoch, daß alle breitblättrigen Bäume wie Platanen und Sykomoren entfernt oder ausgelichtet werden müssen, denn sie sorgen für tiefsten Schatten.
Alle Pflanzen, die schon als geeignet

für schattige Standorte genannt wurden, eignen sich auch zur Anlage eines kleinen Wäldchens. Kamelien und Rhododendren gedeihen hier besonders gut.

Gebüsch

Für die meisten modernen Gärtner ist das altmodische Gebüsch etwas Scheußliches, das um jeden Preis vermieden werden muß. Vor etwa 50 Jahren verstand man unter Gebüsch ein wirres, dunkles, grünes Gebilde, das hauptsächlich aus düsteren Sträuchern wie Liguster und *Aucuba japonica* – einer Art Hartriegel – bestand. In den heutigen kleineren und moderneren Gärten ist für solche uninteressanten »Lückenfüller« kein Platz. Aber so ein Gebüsch hat einen nicht zu verachtenden anderen Wert, denn mit ihm kann man sein Wissen und seine Kenntnisse über Bäume und Sträucher demonstrieren. Der Fachmann kann mit einem Gebüsch Kontraste zu blühenden, farbigen Pflanzen setzen. Dazu bieten sich vor allem Nadelgehölze an. Hier können hohe, schlanke Formen mit hängenden oder kriechenden kombiniert und Blau-, Grün- und Goldtöne gemischt werden. Niemals darf etwas in ein Gebüsch gepflanzt werden, das man nicht kennt und von dem man nicht weiß, wie schnell und wie hoch es wächst. Sonst kann es passieren, daß man andere wertvolle Pflanzen bei dem Versuch beschädigt, ein Monster zu entfernen, das alles andere überwuchert.

Vermehrung

Das Vermehren von Bäumen und Sträuchern ist nicht schwer – manche tun es sogar von selbst. Aber aus Samen gezogene Bäume und Sträucher sind häufig nicht mehr so schön wie ihre Eltern. Deshalb, und weil die Anzucht aus Samen sehr lange dauert, vermehrt man Bäume und Sträucher gewöhnlich vegetativ.

Ableger
Die Vermehrung durch Ableger ist eine der einfachsten Methoden.
Viele Pflanzen bilden sogar ohne künstliche Hilfe Ableger aus, zum Beispiel Rhododendren, Magnolien und Rosenlorbeer. Man kann das unterstützen, indem man an der Unterseite eines Außentriebes einen kleinen, zungenförmigen Einschnitt macht und diesen Trieb dann auf den Boden biegt. Hier wird er mit einem haarnadelförmigen Draht oder auch einem Stein festgehalten und mit einer Mischung aus Erde und Torf bedeckt. Dann muß man etwa ein Jahr warten. Die Spitze des Absenkers wächst senkrecht nach oben, während sich an dem mit Erde bedeckten Zweigteil Wurzeln bilden. Sobald der sogenannte Absenker gut verwurzelt ist, wird er in einer winterlichen Ruhepause von der Mutterpflanze getrennt und als Ableger gepflanzt.

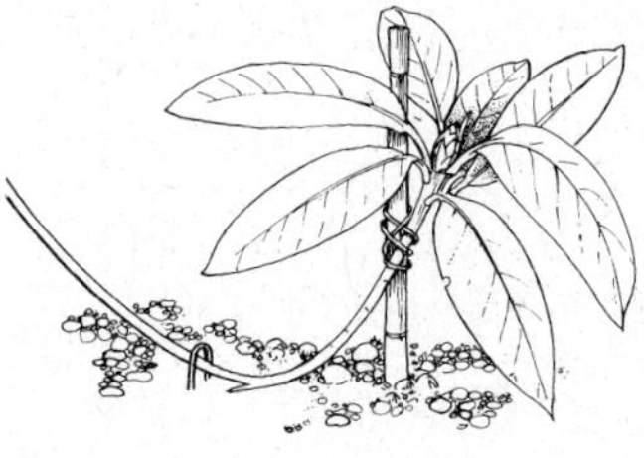

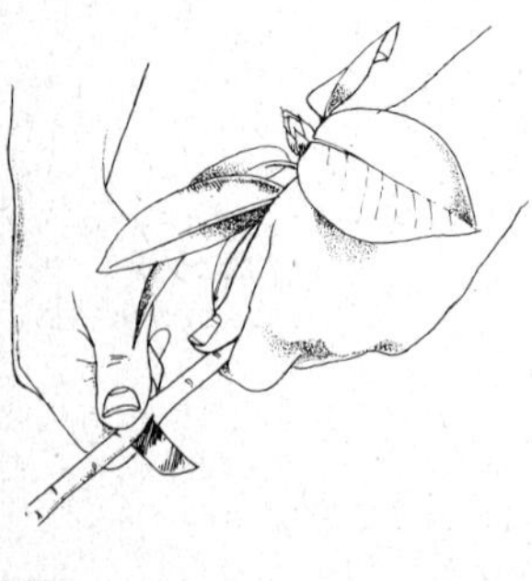

Triebableger
Wenn man den Ast nicht weit genug zur Erde herunterbiegen kann, sollte man es mit dem Triebableger an der Luft probieren. Dazu ritzt man in die Rinde eines neuen Triebes, der noch nicht verholzt ist, einen V-förmigen Einschnitt, wickelt um diese Stelle eine schwarze Plastikfolie und befestigt sie unterhalb des Einschnitts mit einem Gummiband. Die so entstandene

Plastiktüte wird mit einer Mischung aus einem Teil Torf und einem Teil Lehmerde oder mit einem fertigen Humuspräparat gefüllt. Diese Füllung wird gründlich angefeuchtet und die Plastiktüte auch über dem Schnitt mit

einem Gummiband verschlossen, so daß die Humusmasse fest an die Schnittstelle gepreßt wird. Es bilden sich Wurzeln, die sich in den Humus ausbreiten. Sobald diese groß genug sind, schneidet man den Zweig unterhalb der Plastikfolie ab, entfernt sie und pflanzt den Ableger in die Erde. Dies funktioniert am besten bei Pflanzen mit fleischigen Stielen.

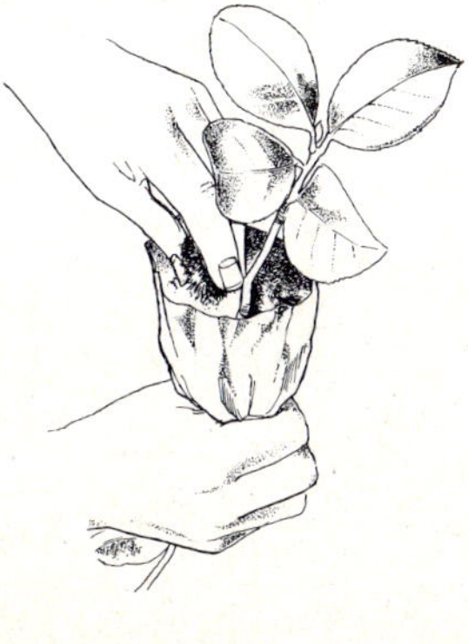

Teilung

Einige niedrige Gehölze erinnern in ihrem Wachstum an krautige Pflanzen; sie bilden dichte Gruppen. Typische Beispiele sind das Immergrün *(Vinca),* kleine Spieren *(Spiraea),* die zu den Heidegewächsen gehörenden Arten *Daboecia* und *Gautheria* und der Ranunkelstrauch *(Kerria).* Wie Stauden kann man auch diese dichten Gruppen in mehrere Pflanzen aufteilen. Dazu wird die Pflanze bei Winterbeginn ausgegraben, der Wurzelballen, besonders wenn sich Seitentriebe gebildet haben, mit einem Messer geteilt. Sehr verfilzte Ballen trennt man

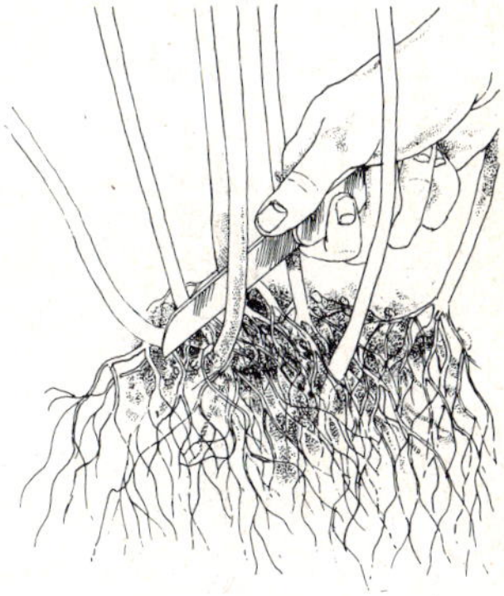

mit zwei Grabegabeln, die Rücken an Rücken eingestochen und dann auseinander gedrückt werden. Diese Pflanzen wachsen im allgemeinen sehr schnell. Aus jedem Teil ist bald ein neuer, wohlgeformter Busch entstanden.

Stecklinge

Die Vermehrung durch Stecklinge verlangt mehr Aufmerksamkeit als die bisher genannten Methoden. Der klei-

ne Trieb, der abgenommen wird, ist sehr zart und muß bis er Wurzeln ausgebildet hat, sorgsam vor dem Austrocknen bewahrt werden.
Holzstecklinge sind am einfachsten zu schneiden. Man nimmt sie im Spätherbst von der Mutterpflanze und schneidet dabei an der Spitze genau oberhalb, am Zweigansatz genau unterhalb einer Knospe. Der Steckling sollte etwa 25 cm lang sein. Eigentlich könnte er in jedem Boden Wurzeln schlagen, doch läßt sich das Wachstum durch Untergraben oder Einrechen von Torf und Sand noch fördern. Am besten gewinnt man Holzstecklinge nach dem Blätterabwurf und setzt sie zu zwei Dritteln seiner Länge (aber mit dem richtigen Ende nach oben!) ein. Es dauert meistens ein Jahr, bevor sich richtige Wurzeln entwickelt haben.

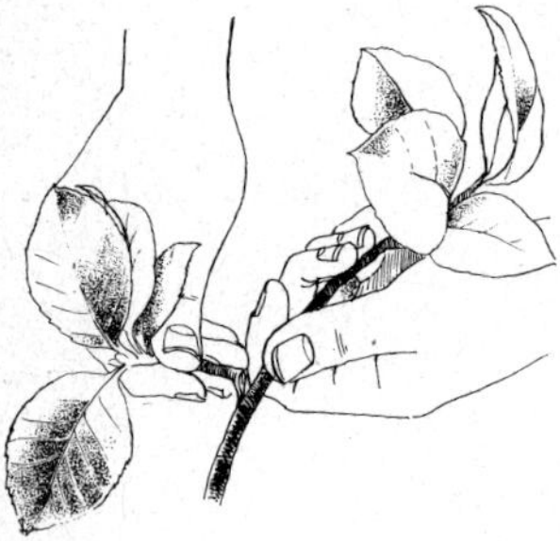

Weichholzstecklinge werden während der Wachstumzeit gewonnen und sollten keine älteren, verholzten Zweigteile aufweisen. Der Steckling ist gewöhnlich 8–10 cm lang und sollte von einem gesunden Seitentrieb stammen. Aber das ist im Grunde unnötig. Man streift die Blätter vom Zweig und tupft das Ende, ehe man es etwa 3–4 cm tief in eine Mischung aus Torf und gewa-

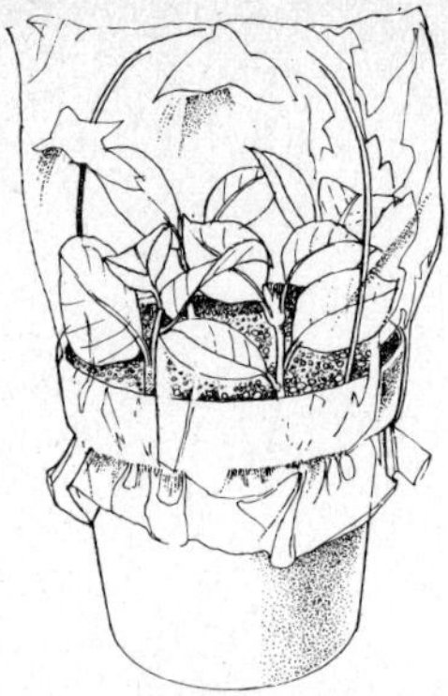

schenem Sand steckt, in ein wurzelförderndes Hormonpräparat. Wasserverluste können sich schädlich auswirken, deshalb pflanzt man zarte Stecklinge, wie zum Beispiel von der Fuchsie, in Töpfe und stülpt eine von Drähten oder Zweigen gehaltene Plastikhaube darüber, mit der die Stecklinge aber nicht in Berührung kommen sollten (siehe obige Illustration).
Große und kräftige Weichholzstecklinge wie die vom Sommerflieder *(Buddleia)* können wie Holzstecklinge direkt in die Erde gepflanzt werden. Doch sollte man sie mit einem Folientunnel abdecken, damit der Wasserverlust eingeschränkt wird.

Frühbeete, Gewächshäuser und Tunnel

Wer Stecklinge in großem Maßstab aufziehen möchte, sollte sich ein Frühbeet kaufen oder selbst bauen, in dem Stecklinge in Töpfen gehalten werden können. Auf diese Weise werden zarte Stecklinge vor Frost gut geschützt. Zusätzlich schützt man sie noch mit einer Lage Stroh und dichtet die Dekkelritzen ab, damit keine Zugluft eindringt.

Ein Gewächshaus ermöglicht die Aufzucht zarter, ja sogar exotischer Gewächse. Kübelpflanzen – Hortensien oder Fuchsien – überstehen den Winter im Gewächshaus ohne totales Zurücksterben. Im Freien brauchen sie im Frühjahr viel Kraft zum Erneuern abgestorbener Blätter. Haben sie jedoch den Winter geschützt im Gewächshaus verbracht, können sie im Frühjahr mit kräftigen Trieben und Knospen beginnen und sollten prächtig gedeihen. Wie das Frühbeet ist auch das Gewächshaus zur Anzucht von Stecklingen gut geeignet. Sie müssen allerdings später behutsam abgehärtet werden. Deshalb senkt man ehe die Pflanzen ins Freie versetzt werden, durch immer längeres Offenhalten von Tür und Fenstern allmählich die Temperatur im Gewächshaus.

In einem Gewächshaus lassen sich sowohl Gartengeräte unterbringen als auch Jungpflanzen und zarte Sträucher heranziehen.

Aus Plastikfolie, die über ein Drahtgestell gespannt wird, kann man sehr preiswerte Tunnel herstellen. Sie müssen gut am Boden befestigt werden, damit sie den Winterstürmen nicht zum Opfer fallen. Wenn man die Folie rundum in den Boden eingräbt, dringt keine Kälte ein. Solche Tunnel sind im Fachhandel auch fertig erhältlich.

Anzucht aus Samen

Die Anzucht von Gehölzen aus Samen ist nicht ganz einfach. Für den, der es einmal versuchen will, ist der Tunnel ein ideales Hilfsmittel. Das Keimen der Samen kann unter Umständen länger als ein Jahr dauern, da bei manchen harten Samen ein kompliziertes Zusammenspiel von Temperatur, Jahreszeit und möglicherweise bakteriellen Aktivitäten an der Samenschale vor sich geht. Die Setzlinge sind gewöhnlich gegen ein Umpflanzen sehr empfindlich; deshalb sollte man nach Möglichkeit direkt in ein vorbereitetes Beet säen und die Saat mit einem Tunnel schützen, der erst dann abgenommen wird, wenn die Pflänzchen größer und kräftiger sind. Bei warmer Witterung muß man für gute Belüftung des Tunnels sorgen!

Pflanzen für das Gewächshaus

Eine schöne Auswahl Gehölze kann im Gewächshaus gehalten werden, zum Beispiel Japanische Azaleen (Rhododendron), Kamelien, Fuchsien oder Hortensien. Gewöhnlich hält man sie in Töpfen oder Kübeln, so daß sie vor Frost geschützt im Frühjahr mit dem Wachstum beginnen können. Ohne Umtopfen oder sonstigen Aufwand transportiert man sie, wenn sie blühen, ins Freie.

Fuchsien brauchen vor allem im Anfangsstadium ihres Wachstums ein warmes, feuchtes Klima. Wenn sie das ganze Jahr im Freien stehen, sterben immer wieder große Teile durch Frost ab. Im Gewächshaus dagegen schneidet man sie vorsichtig ganz leicht zurück und kann sie dadurch ohne große Schwierigkeiten zu Stamm- oder Pyramidenformen erziehen, die man dann bei schönem Wetter ins Freie stellt.

In Kübeln stehende Fuchsien oder Hortensien sollten, bevor es richtig kalt wird, ins Gewächshaus zurückgebracht werden. Selbst das unbeheizte Gewächshaus bietet ausreichenden Schutz vor Frost, wenn die Kälte nicht durch Ritzen oder Spalten eindringen kann. In Kübeln gehaltene Pflanzen sind besonders frostempfindlich, da die relativ geringe Erdmenge im wesentlich schneller auskühlt als der gewachsene Boden.

Schädlinge und Krankheiten

Gehölze sind im allgemeinen robust und können mit Krankheiten und Schädlingen fertig werden, die zartere und krautige Pflanzen zum Absterben bringen. Doch viele verschiedene Faktoren können ihr Äußeres beeinträchtigen. So lohnt es sich schon, den Ursachen nachzugehen, um Gegenmaßnahmen ergreifen zu können.

Schadinsekten

Blattläuse

Fast alle Bäume und Sträucher werden von Blattläusen befallen, die nicht sofort sichtbare Schäden verursachen. Diese Parasiten saugen vornehmlich den Pflanzensaft aus jungen, zarten Trieben und sind Überträger vieler Viruskrankheiten, die ein Kräuseln oder Entfärben der Blätter verursachen. Deshalb sollten Blattläuse sofort und gründlich bekämpft werden, am besten mit einem handelsüblichen Spritzmittel, das sowohl insektizide wie fungizide Wirkstoffe enthält. Man achte darauf, daß besonders die Triebspitzen und Blattunterseiten gut getroffen werden. Ameisen »halten sich« regelrecht Blattlausherden und transportieren sie zu neuen Freßplätzen. Dagegen helfen um die Stämme gelegte Leimringe.

Gespinstmotten

Im Frühjahr sind die Bäume mit feinen, grauweißen Gespinsten überzogen, in denen Mengen von kleinen Raupen sitzen, die das junge Laub total abfressen. Am besten bekämpft man sie mit einem handelsüblichen Insektizid, das Malathion oder Lindan enthält. Auch Winterspritzungen mit Folidol- oder Eftol-Öl bewähren sich.

Raupen

Für Gehölze sind Raupen im allgemeinen nicht übermäßig gefährlich, doch manchmal treten sie örtlich in großen Mengen auf und richten durch ihren gewaltigen Appetit erheblichen Schaden ab. Die Menge des benutzten Insektizids richtet sich nach der Raupengröße. Anwendungsvorschriften auf der Packung beachten! Derris, Lindan und Malathion sind geeignet.

Schildläuse

Sie sehen wie große Blattläuse aus und ernähren sich wie diese von Pflanzensäften. Durch ihr Schild sind sie gegen Spritzmittel unempfindlicher, werden aber wie Blattläuse bekämpft.

Blattschneiderbienen

Diese Insekten erinnern an die domestizierten Honigbienen. Sie beißen Stücke aus den Rosenblättern, Rhododendren, Goldregen und Flieder und legen damit ihre Nester aus.

Minierfliegen

Sie richten zwar keinen übermäßigen Schaden bei Gehölzen an, aber die Freßgänge der Larven wirken in den Blättern häßlich. Durch Spritzen mit Malathion-Mitteln kann man diese Insekten unter Kontrolle halten. Stechpalmen werden am häufigsten befallen.

Spinnmilben

Diese winzigen Parasiten zerstören die Blätter, die erst braun werden und schließlich abfallen. Bei warmer Witterung treten sie vermehrt auf. Gegenmittel sind eine Winterwäsche mit Folidol- oder Eftol-Öl, Spritzen mit einer Kalk-Schwefel-Mischung oder mit den handelsüblichen Insektiziden.

Blattroll-Rosenblattwespe

Das Weibchen legt seine Eier an den Rand der Rosenblätter, die sich dann röhrenförmig aufrollen und später den Larven als Nahrung dienen. Sobald die ersten Anzeichen eines Befalls sichtbar werden, spritzt man regelmäßig mit einem Malathion-Mittel.

Blattkäfer

Die Larven dieser oft in allen Farben schillernden Käfer skelettieren im Frühjahr die neuen Blätter, und die aus den Puppen geschlüpften Jungkäfer vollenden das Vernichtungswerk. Ihre harte, oft wachsige Oberseite macht sie gegen viele Insektizide resistent, aber sie lassen sich leicht abschütteln und aufsammeln.

Krankheiten

Mehltau

Dieser Pilz bildet auf Blättern und Knospen einen pudrigen Belag, der sich allmählich ausbreitet und zum Abfall der Blätter führt. Sofort nach den ersten Anzeichen spritzt man regelmäßig mit geeignetem Fungizid.

Hallimasch/Honigpilz

Ein gefährlicher Pilz für Bäume und Sträucher. Seine Myzene sind lange schwarze Fäden, die sich bis in die Wurzeln und unter die Rinde ausbreiten. Man bemerkt den Befall jedoch erst, wenn am Fuß des Baumes goldfarbene Pilze wachsen. Dann ist es bereits zu spät. Man muß den Baum ausgraben und restlos verbrennen. Das infizierte Gebiet sollte mindestens ein Jahr ruhen, ehe man es neu bepflanzt.

Sternrußtau

Dieser Pilz tritt vorrangig bei Rosen auf. Manche Sorten sind besonders anfällig. Gewöhnlich sieht man die rußigen Flecken nur gegen Ende der Blüte. Der Befall wird durch wiederholtes Spritzen mit einem Fungizid bekämpft.

Rosenrost

Besonders gefährdet sind Rosen in warmen Gegenden. Über die ganze Pflanze verteilt bilden sich leuchtend-orangerote Flecken. Der Pilz ist schwer zu bekämpfen. Stark befallene Büsche werden am besten vernichtet. Unter Umständen helfen Spritzungen mit Fungiziden auf Kupferbasis.

Rotpustelkrankheit

Auf der Rinde abgestorbener Zweige bilden sich dicht an dicht winzige, leuchtendrote Pusteln. Hier hilft nur ein Rückschnitt auf das gesunde Holz und Verbrennen der befallenen Teile.

Schrotschußkrankheit

An den Blättern zeigen sich rötliche bis braune Flecken, unter denen das Gewebe abstirbt und ausfällt, so daß zahllose winzige Löcher entstehen. Auch dieser Pilz wird durch einen Rückschnitt auf gesundes Holz und Verbrennen der befallenen Zweige am wirkungsvollsten bekämpft.

Physische Probleme

Vertrocknen und Verwelken

Dies ist häufig die Folge bei Neupflanzung an ungeschützten Plätzen. Die Blätter verdunsten viel Wasser, das durch die nur schwach angewachsenen Wurzeln nicht ersetzt werden kann. In solchen Fällen bewährt sich eine über die Pflanze gestülpte Plastikhülle, die so lange bleiben muß, bis die Wurzeln angewachsen sind. Vielleicht ist die Pflanze aber auch für diesen Standort zu empfindlich und sollte durch eine robustere ersetzt werden.

Starke Winde zur Zeit der Knospenöffnung können zum Welken der Triebspitzen führen. Darunter leiden besonders Gehölze mit zarten Blättern wie zum Beispiel der Ahorn. Abhilfe kann hier nur ein Windschutz schaffen. Entweder pflanzt man den Baum an eine geschützte Stelle oder baut jedes Frühjahr einen Windschutz für ihn auf, bis die Blätter sich voll entwickelt haben.

Chlorose

Bei großblättrigen, immergrünen Pflanzen wie Rhododendren und Kamelien werden häufig die Blätter gelb. Ursache dafür kann ein Zuviel an Kalk oder Zuwenig an Eisen des Bodens sein; viel Kalk im Boden hindert die Pflanze daran, Eisen aufzunehmen, das sie zur Chlorophyll-Bildung benötigt. In diesem Fall verabreicht man Eisenzitrat, das zwar recht teuer ist, aber die Gesundheit säureliebender Pflanzen schnell wieder herstellt. Man muß die Pflanzen allerdings jährlich damit versorgen. Auf lange Sicht ist es deshalb wahrscheinlich billiger, sie durch andere, die für die örtlichen Bodenbedingungen besser geeignet sind, zu ersetzen.

Kleines Lexikon der Sträucher und Bäume

Die hier aufgeführten Bäume, Sträucher und Kletterpflanzen sind nur eine Auswahl aus den unzähligen Gehölzen, die man kaufen kann. Es wurden möglichst viele verschiedene und robuste Arten ausgesucht, mit unterschiedlichen Verwendungsmöglichkeiten: Einzelbäume, Sträucher als Windschutz, Hecken, Einfassungen, Steingartengewächse, Bodendecker und dekorative Kletterpflanzen zum Verschönern vorhandener Gartenelemente oder zum Verdecken unschöner Dinge. Weitere Anregungen geben Kataloge von Baumschulen und Gärtnereien, in denen immer wieder neue oder verbesserte Sorten zu entdecken sind. Die ungefähre Wuchshöhe und Ausbreitung der Pflanzen ist angegeben, kann jedoch je nach Wachstumsbedingungen variieren.

Abkürzungen

B = Baum
St = Strauch
N = Nadelgehölz
Kl = Kletterpflanze
So = Sommergrün
I = Immergrün
Hi = Halbimmergrün
Syn = Synonym

Die halbfetten Ziffern in Klammern verweisen auf Abbildungen. Alphabetisches Verzeichnis nach deutschen Namen s. S. 127

Abelia St, So

Ein Strauch, der im Sommer und Herbst blüht und in den meisten Böden gedeiht, jedoch einen geschützten, sonnigen Standort bevorzugt. Blätter gewöhnlich eiförmig und manchmal halbimmergrün. Im Sommer und Frühherbst röhrenförmige, blaßrosa Blüten. Am meisten verbreitet sind *Abelia x grandiflora* (**1**) bis zu 2,7 m hoch und recht breit und *A. schumanii,* bis zu 3 m hoch und recht breit. Vermehrung im Sommer durch 7,5–10 cm langes Steckreis vom diesjährigen Holz. Nach der Blüte altes Holz zurückschneiden.

Abies N, B, I

Tanne

Meist konisch geformte Nadelbäume in verschiedenen Grünschattierungen. Gedeiht in den meisten Böden. Es werden Zapfen ausgebildet, im Frühstadium häufig bläulich gefärbt. Es gibt viele Sorten, von großen Bäumen für Einzelpflanzungen bis zu Zwergformen für den Steingarten. *Abies koreana,* etwa 5 m hoch, und *A. lasiocarpa,* etwa 3 m hoch mit silbrig blauen Nadeln, sind attraktive Gartenbäume. Die langsam wachsende Zwergform *A. balssamea* (**2**), die etwa 1 m hoch und breit wird, ist für den Steingarten geeignet. Da die Vermehrung schwierig ist, sollte man diese Gehölze am besten kaufen. Schneiden ist unnötig, außer wenn zu kräftige Seitentriebe die Symmetrie des Baumes stören; sie werden im Frühjahr entfernt.

Acer B, St, So

Ahorn

Bäume und Sträucher in verschiedener Höhe, die mehr wegen der Blattfärbung im Sommer und Herbst als der Blüten wegen gepflanzt werden, obwohl die schlüsselförmigen Samen sehr hübsch wirken. Gedeiht in den meisten Böden, bevorzugt Schutz und Morgensonne. Die Blätter sind handförmig, gewöhnlich fünffingrig und variieren in der Farbe von blaßgrün, grün mit weiß, rosa und purpur in Frühjahr und Sommer bis zu vielen Gelb- und Rotschattierungen im Herbst. Manchmal weist die Rinde am Stamm schlangenförmige Markierungen auf oder schält sich im Herbst und bekommt eine andere Farbe. Für den Garten eignen sich *Acer capillipes, A. negundo, A. platinoides* (**3**) und Sortenzüchtungen *A. griseum* und *A. rufinerve,* die etwa zwischen 4 m und 10 m hoch werden. Die strauchförmigen Sorten, Züchtungen aus *A. japonicum* und *A. palmatum,* werden zwischen 60 cm und 5 m hoch und breit. Vermehrt wird durch Samen im Herbst oder Aufpfropfen buntfarbiger Formen im Frühjahr. Schneiden ist nicht nötig.

Actinidia Kl, So
Strahlengriffel
Meist sind nur zwei Formen dieser ungewöhnlichen, aber leicht zu ziehenden Kletterpflanze erhältlich. Sie mögen einen gut drainierten, fetten Boden und eine Wand, einen Baum oder irgendeine Stütze zum Hochranken. Anfangs bindet man die jungen Triebe an. *Actinidia chinensis* kann 8–9 m hoch wachsen, hat dunkelgrüne, herzförmige Blätter, im Sommer cremefarbene Blüten, auf die manchmal haarige, eßbare Früchte folgen. *A. kolomikta* (**4**) wird 2–4 m hoch, hat herzförmige Blätter mit weißen und rosa Spitzen und im Frühsommer weiße Blüten. Vermehrung durch Samen oder Sommer-Stecklinge im Warmen. Im Winter wird unerwünschtes Holz ausgeschnitten.

Amelanchier B, St, So
Felsenbirne
Die einzige weitverbreitete Art ist *Amelanchier canadensis* (**5**), Syn. *A. laevis.* Sie bildet einen großen Strauch, wenn sie nicht zum Baum erzogen wird. Höhe und Breite 4–8 m. Gedeiht in jedem guten Boden. Trägt im Frühjahr weiße Blüten in dichten Trauben, dunkelrote Früchte im Frühsommer und die wolligen, eiförmigen, gezähnten Blätter sind zuerst rosa-grün und färben sich im Herbst rot oder gelb. Vermehrungen im Sommer durch Samen im Frühbeet, im Herbst durch Ablegen von Ästen oder im Winter durch das Entfernen einzelnen Seitentriebe. Schneiden ist nicht erforderlich.

Arbutus B, St, I
Erdbeerbaum
Sehr attraktive Bäume oder Sträucher, 3–6 m hoch, mit dunkelgrünen, glänzenden Blättern und oft hübsch gefärbten Stengeln und farbiger Rinde. Sie brauchen gut drainierten, fetten Boden, möglichst kalkfrei, obwohl die beiden bekanntesten Vertreter *Arbutus andrachnoides* (Syn. *A. x hybrida*) und *A. unedo* (**6**) Kalk vertragen. Letzterer trägt im Spätherbst und Winteranfang gleichzeitig weiße Blüten und »Erdbeer«-Früchte, ersterer, der meist wegen seiner roten Rinde und nicht wegen der Früchte gepflanzt wird, trägt Blüten und Früchte im Frühjahr. Die Vermehrung durch Sa-

men oder Sommerstecklinge dauert sehr lange, deshalb kauft man die Pflanzen am besten. Im Frühjahr werden zu dünne Triebe entfernt und tiefer liegende Äste ausgelichtet, damit die Rinde sichtbar wird.

Aucuba St, I
Aucube/Glanzstrauch
Buschiger, runder Strauch, ca. 2 m hoch und breit, mit glänzenden, dunkelgrünen, eiförmigen Blättern, zum Teil farbig getüpfelt oder gestreift. Da sie eingeschlechtig sind, muß man Pflanzen beiderlei Geschlechts haben, wenn die weiblichen vom Herbst bis zum Frühjahr Beeren tragen sollen. Im Frühjahr bilden sich die olivgrünen Blütenrispen. Gedeiht in jedem Boden, in Sonne und Schatten und in Kübeln. Weit verbreitet sind alle Sorten der *Aucuba japonica* (**7**). Vermehrung durch Stecklinge im Spätsommer. Alte Triebe werden im Frühjahr auf 60–90 cm zurückgeschnitten.

Azalea
siehe Rhododendron, Seite 110

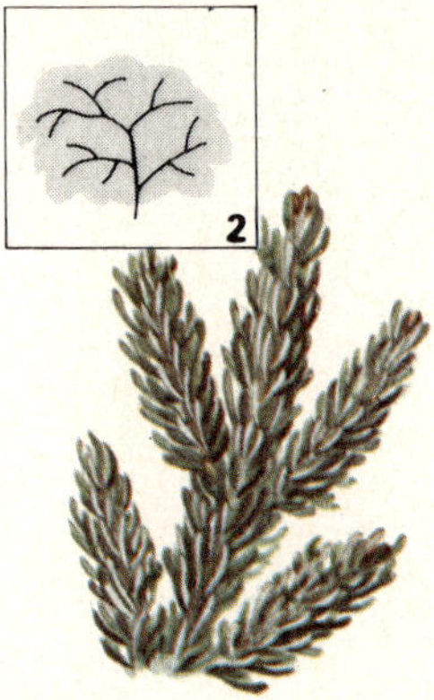

Berberis St, So, I
Berberitze, Sauerdorn
Eine große Gattung mit vielen immergrünen und laubabwerfenden Sträuchern, die in jedem gut drainierten Boden an sonnigen und schattigen Standorten gedeihen. Sie sind alle dornig; die meisten haben lanzettförmige Blätter und tragen im späten Frühjahr Büschel mit röhrenförmigen, gelben oder orangen Blüten. Einige Sorten, Hybriden und Züchtungen sind bei einem Pflanzabstand von 60 cm für Hecken geeignet. Die laubabwerfenden Berberitzen werden hauptsächlich wegen ihrer haltbaren, sehr hübschen Beeren und der herrlichen Laubfärbung im Herbst und Winter gewählt. Geeignete Sorten dieser Gruppe sind: *Berberis x rubrostilla,* rote Früchte, graugrüne Blätter, ca. 1,2 m hoch und 2 m breit; *B. thunbergii* und ihre Varietäten, mit roten Früchten, von 1,2 m hoch und 2 m breit bis zu Zwergformen für den

Steingarten; und *B. wilsonae,* korallenrote Beeren, bogenförmige Äste, Höhe und Breite ca. 1 m. Zu den immergrünen gehören: *Berberis darwinii* (**8**), dunkelorangefarbige Blüten, blaue Beeren und stechpalmenähnliche Blätter, wird bis zu 2,5 m hoch und 2 m breit; *B. gagnepainii,* schwarze Beeren, rötliche Rinde, etwa 1,5 × 1,2 m groß; *B. linearifolia* und ihre bekannte Form ›Orange King‹ mit dunkelorangen bis roten Blüten, purpurfarbigen Beeren mit wachsartigem Glanz, bis 3 m hoch und 1 m breit; *B. x stenophylla,* mit überhängenden Zweigen voller gelber Blüten, jedoch wenig Beeren, ca. 3 m hoch und 3 m breit, und ihre gedrungene, ca. 30 cm hohe Zwergform; und *B. verruculosa,* glänzend grüne Blätter mit weißer

Unterseite, viele gelbe Blüten, gefolgt von schwarzen Beeren (die Blätter färben sich manchmal im Herbst), etwa 1,5 m hoch und breit. Vermehrung durch Saat im Freien zu Beginn des Winters oder durch Stecklinge von Seitentrieben im Spätsommer. Formschnitt nach der Blüte oder im Winter nach den Beeren. Falls nötig, erfolgt ein kräftiger Rückschnitt bei den laubabwerfenden Arten im Winter, bei den immergrünen nach der Blüte.

Betula B, So
Birke
Sie wird hauptsächlich ihrer hübschen Rinde wegen gepflanzt, die meist mit zunehmendem Alter silbrig wird und sich schält. Ihre graziöse Form und die eiförmigen Blätter, die sich im Herbst gelb färben, machen sie als Solitärpflanze besonders beliebt. Im Frühjahr bildet sie gelblich-grüne männliche und weibliche Kätzchen. Gedeiht in jedem Boden gut, wurzelt jedoch flach und sollte deshalb nicht unterpflanzt werden. *Betula ermanii* und *B. pendula* (**9**) und ihre hängenden Formen sind am meisten verbreitet. Sie werden 4–8 m hoch und haben 2–4 m Kronendurchmesser. Vermehrung durch Samen im Frühjahr im Frühbeet. Schneiden ist nicht erforderlich.

Buddleia B, St, So, I, Hi
Sommerflieder
Kleine Bäume und Sträucher, die in jedem Boden gedeihen, jedoch viel Sonne bevorzugen. Sie blühen im allgemeinen im Sommer und Herbst. Federartige Blütenrispen, manchmal kugelförmig, die meisten duften und kommen in Schattierungen von purpur, blau, rosa, weiß und orange vor. Die Blätter sind eiförmig oder lanzettförmig, bei manchen Sorten mehr oder weniger immergrün. Sie werden alle etwa 2,5 m hoch und 2 m breit. Geeignete Sorten sind *Buddleia alternifolia,* wegen der hängenden Äste am besten als Baum; *B. davidii* (**10**) und ihre Varietäten mit vielen Farbschattierungen und oft silbergrauen Blättern und *B. glabosa,* buschig mit vielen orangen Blütenkugeln. Vermehrung durch Stecklinge im Sommer. *B. davidii* und ihre Varietäten müssen im Frühjahr bis auf 5–7,5 cm zurückgeschnitten werden, die anderen Sorten wenn nötig nach der Blüte, um die Form zu erhalten.

Buxus St, I
Buchsbaum
Im allgemeinen wird nur eine Sorte angebaut, *Buxus sempervirens* (**11**). Die vielen daraus hervorgehenden Züchtungen werden entweder als immergrüne Hecken unterschiedlicher Höhe (mit 30 cm Pflanzabstand) oder als Einzelsträucher, oft künstlich geformt, gepflanzt. Gedeiht in jedem Boden und unter allen Bedingungen. Die immergrünen, glänzenden Blätter sind meistens länglich; die Frühjahrsblüten blaßgrün und unauffällig. Die endgültige Höhe und Breite beträgt ca. 3 m auf 2 m, aber durch kräftiges Zurückschneiden im Spätsommer kann man die Büsche oder Hecken in der gewünschten Höhe und Form halten. Vermehrung im Spätsommer durch 7,5–10 cm lange Stecklinge, die zwei Jahre lang angezogen werden.

Calluna St, I
Besenheide
Obwohl es nur eine Art gibt, *Calluna*

8

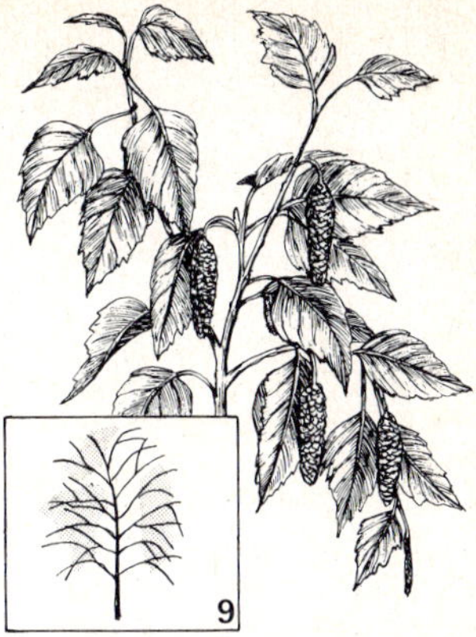
9

10

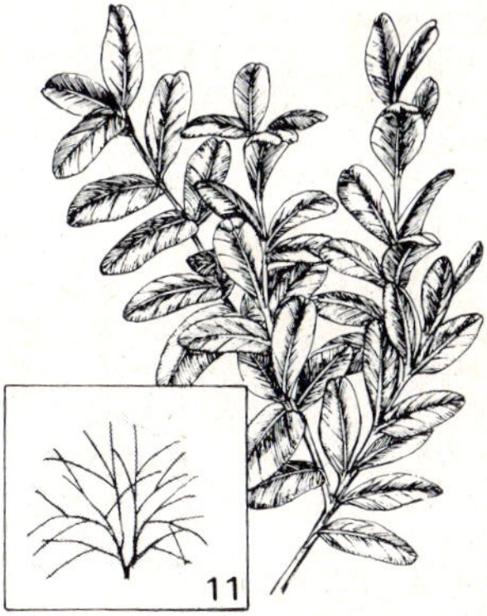
11

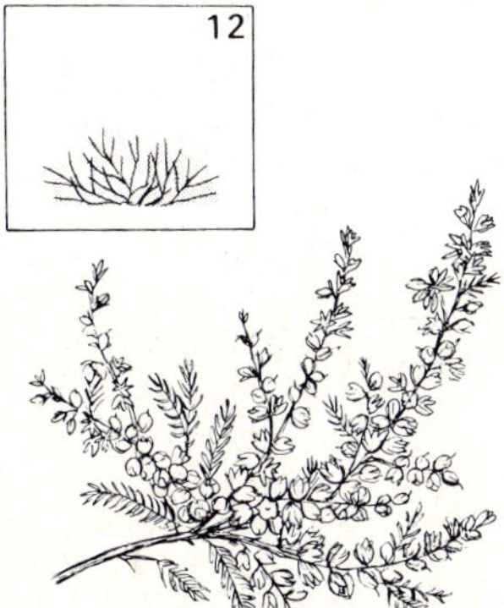
12

13

vulgaris (**12**), hat sie sehr viele Varietäten. Sie alle gedeihen gut in kalkfreien Böden und bevorzugen sonnige Plätze. Sie können als Einzelpflanzen in Steingärten oder als Bodendecker Verwendung finden. Ihre Höhe und Breite reicht von 7,5–75 cm. Die kleinen, lanzettförmigen Blätter sind oft golden, grau, bronzen, rot, grün. Die Blütezeit reicht, je nach Züchtung, vom Sommer bis zum Winteranfang; die glockenförmigen Blüten, die an kleinen Stengeln sitzen, können purpurn, rosa oder weiß sein. Vermehrung durch 2,5–5 cm lange Stecklinge, die im Spätsommer geschnitten und in einen feuchten Anzuchtkasten gepflanzt werden, oder Anfang Frühjahr durch Ableger. Zum Frühjahrsbeginn werden die alten Blütenstengel entfernt, die den Winter über oft hübsch aussehen (siehe auch *Daboesia* Seite 86 und *Erica* Seite 88).

Camellia B, St, I
Kamelie
Eine Gattung meist widerstandsfähiger, immergrüner Sträucher und Bäume, die in sauren, torfhaltigen Böden, in die man verrottetes Laub oder zerkleinerte Rinde einarbeiten und damit auch mulchen sollte, gut gedeihen. Sie lieben halbschattige Standorte, in denen die Blüten vor der Frühlingsmorgensonne geschützt sind, so daß sie am besten an einer Nord- oder Westseite oder zwischen Bäumen angesiedelt werden. Einige Züchtungen gedeihen gut in Kübeln mit saurem Kompost. Die glänzend-grünen Blätter sind eiförmig; die bis zu 15 cm großen, rosa, roten, weißen oder zweifarbigen Blüten mit den gelben Staubgefäßen, die im Frühjahr oder Winter erscheinen, sind tassenförmig und einfach, halb oder ganz gefüllt oder anemonenförmig (eine oder zwei Reihen große Blütenblätter mit einem Zentrum aus kleinen Blütenblättern). Die Züchtungen aus *Camellia japonica* und *C. x williamsii* (**13**) sind so widerstandsfähig wie Lorbeer, werden viel angebaut und sind in großer Auswahl erhältlich. Die Formen der *C. japonica* können bis zu 4 m hoch und 3 m breit werden, die *C.-williamsii*-Züchtungen sind etwas kleiner. Vermehrung durch 7,5–10 cm lange Stecklinge im Sommer mit Bodenwärme, oder durch Ableger im Frühherbst. Nur wenig Schnitt erforderlich, höchstens unerwünschte oder schwächliche Triebe im Frühjahr entfernen, vor allem, wenn die Pflanzen vor einer Wand wachsen und die Triebe an Stützen festgebunden werden. Bei den *C.-japonica*-Züchtungen müssen die abgestorbenen Blüten entfernt werden.

Catalpa B, So
Trompetenbaum
Catalpa bignonioides (**14**) und seine gelbblättrige Form ›Aurea‹ sind gute Stadtbäume, die ca. 10 m hoch werden und eine runde Krone bilden. Sie bevorzugen fetten Boden und einen sonnigen Standort. Die herzförmigen Blätter, die beim Zerreiben stark duften, sind erst im Frühsommer voll entwickelt. Im Sommer bilden sich aufrechte Rispen fingerhutähnlicher, weißer, gelb- oder purpurngefleckter Blüten. Vermehrung durch Stecklinge im Sommer. Schneiden ist nicht nötig.

Ceanothus B, St, I, So
Säckelblume
Einer der schönsten blaublühenden

Sträucher. Die laubabwerfenden Formen sind völlig winterhart, doch die immergrünen sollten besser geschützt an einer Südwand stehen. Sie mögen einen nicht zu kalkhaltigen Boden. Die Blätter sind gewöhnlich eiförmig, manchmal auf der Unterseite geflammt. Die Blüten bilden Rispen, bei den laubabwerfenden Formen von Mittsommer bis Herbstmitte; bei den immergrünen vom Frühling bis zur Mitte des Sommers. Sie werden etwa 3 m hoch und breit und eignen sich gut zur Erziehung an einer Wand; andere wiederum sind klein und verzweigt und bieten sich daher als Bodendekker an. Gute, immergrüne Züchtungen sind *Ceanothus x* ›Autumnal Blue‹, *C. x burkwoodii, C. impressus* und *C. thyrsiflorus,* während bei den laubabwerfenden die Formen von *C. hybridus,* wie ›Gloire de Versailles‹ **(15)** empfehlenswert sind. Vermehrung durch 7,5–10 cm lange Stecklinge im Sommer im Warmbeet. Die immergrünen Formen muß man kaum schneiden, doch bei den laubabwerfenden schneidet man das Holz im Frühjahr auf 10 cm zurück.

Chaenomeles (Syn. Cydonia) St, So
Scheinquitte
Diese Sträucher gedeihen in den meisten Böden und lassen sich gut an einer sonnigen Wand erziehen, wirken aber auch als Einzelexemplar in einer Gebüschgruppe sehr reizvoll. Die Blätter sind rund und glänzend oder flaumig-grün, die tassenförmigen Blüten in kleinen Rispen sind meist rot, orange, rosa oder weiß und blühen von der Winter- bis zur Sommermitte. Im Herbst bilden sich oft apfelförmige, eßbare, duftende gelbe Früchte. Am häufigsten sieht man Züchtungen von *Chaenomeles japonica, C. speziosa* Syn. *C. lagenaria* (**16**) und *C. x superba.* Sie alle werden höchstens 2 m hoch und breit. Vermehrung durch 10 cm lange Sommerstecklinge im Warmbeet, Ableger von Zweigen im Frühherbst (was zwei Jahre dauern kann) oder durch Aussaat im Frühbeet mit drei bis fünf Jahren Anzuchtzeit. Einzelsträucher erhalten einen Formschnitt. An einer Wand erzogene Sträucher bindet man fest und schneidet die Triebe im Frühsommer auf zwei bis drei Augen zurück.

Chamaecyparis (Syn. Cupressus) N, B, I
Scheinzypresse
Langsam und schnellwachsende Nadelgehölze, die an jedem Standort gut gedeihen und als Einzelbäume, Baumreihe, Hecke, Bodendecker oder im Steingarten Verwendung finden können. Die abgeflachten Nadeln liegen am Zweig an und sind grün, blaugrün oder golden gefärbt. Manchmal bilden sich kleine Zapfen. Die Bäume können konisch oder rund geformt sein. Am häufigsten gepflanzt werden *Chamaecyparis lawsoniana* (**17**), *C. obtusa* und *C. pisifera* und ihre vielen Varietäten. Die Scheinzypresse kann bis zu 20 m hoch werden, es gibt aber Züchtungen von Zwergformen mit 30 cm Höhe und 60 cm Breite bis zu Bäumen, die 5 m hoch und 3 m breit sind. Vermehrung durch Aussaat unter Glas oder 10 cm lange Stecklinge im Winter oder gegen Ende des Frühjahrs. Hecken aus *C. lawsoniana* (60 cm Pflanzabstand) werden am Ende des Frühjahrs gestutzt.

Chimonanthus (Calycanthis) St, So
Gewürzstrauch
Es wird nur die Art *Chimonanthus praecox* (**18**) und ihre Sorten wegen ihrer blaßgelben, in der Mitte zum Teil rot oder purpurn gefärbten, stark duftenden, tassenförmigen Blüten im Winter angepflanzt. Die duftenden, lanzettförmigen Blätter entstehen erst später im Frühjahr. Der Strauch gedeiht an jedem Standort, verträgt auch kalkhaltige Böden, blüht jedoch am besten vor einer sonnigen Wand. Er wird etwa 3 m hoch und breit. Vermehrung im Herbst durch Aussaat im Warmbeet oder durch Ablegen im Spätsommer. Nach der Blüte leicht schneiden, um die Form zu erhalten.

Choisya, St, I
Ein buschiger, immergrüner Strauch, der 3 m hoch und 2 m breit werden kann. Die dunkelgrünen, glänzenden, dreizähligen Blätter duften, wenn man sie zerreibt, und die süß duftenden Dolden weißer, sternförmiger Blüten entstehen von Frühlingsende mit Unterbrechungen bis zum Winterbeginn. *Choisya ternata* (**19**) wird am meisten gewählt. Vermehrung durch

7,5–10 cm lange Sommerstecklinge im Warmbeet. Nach der Hauptblüte entfernt man zu dünne oder abgestorbene Zweige.

Cistus St, I

Zistrose

Immergrüne Sträucher, besonders für heiße Standorte und kalkigen Boden geeignet. Die lanzettförmigen Blätter sind hell- bis dunkelgrün oder grau gefärbt. Die fünfblättrigen, weißen oder rosa Blüten, oft mit einem farbigen Mittelfleck und schönen, gelben Staubgefäßen, bilden sich im Frühjahr und Sommer täglich. Die Sträucher werden 1–2 m hoch und 60–100 cm breit. Empfehlenswert sind *Cistus x corbariensis, C. x cyprius, C. laurifolius, C. x purpureus* (**20**), *C. ›silver Pink‹* und *C. x skanbergii*. Vermehrung durch Samen im Frühjahr oder durch 10 cm lange Stecklinge im Sommer, beides im Warmbeet. Nach der Blüte entfernt man zu dünne oder abgestorbene Triebe.

Clematis Kl, I, So, Hi

Waldrebe

Besonders geeignet zur Dekoration von Wänden, Spalieren, Zäunen, alten Bäumen, Bögen, Pergolas und allem anderen, das ihnen die Möglichkeit zum Ranken bietet; bei glatter Oberfläche, z. B. an Wänden, müssen die Triebe festgebunden werden. Die Blätter der laubabwerfenden oder immergrünen Pflanzen sind mit drei oder mehr Blättchen gefiedert. Die meist vierblättrigen, untertassen-, glocken- oder urnenförmigen Blüten – purpur, rosa, malvenfarbig, rot, gelb oder weiß gefärbt – erscheinen mehr oder weniger zu jeder Jahreszeit; das hängt von der gepflanzten Art oder Hybride ab. Die Pflanzen können bis zu 10 m hochranken oder sich genauso weit ausdehnen. Sie alle mögen einen reichen, tiefen, kühlen Wurzelbereich, möglichst mit zerriebenem Kalk im Unterboden, und sollten im Sommer eine Mulchdecke haben, damit die Wurzeln kühl bleiben. In voller Sonnenlage bilden sich die meisten Blüten.

Die Gattung *Clematis* ist grob in zwei Gruppen geteilt, die Arten und die Hybriden, wobei die Hybriden die größten Blüten haben. Sie neigen allerdings zur Clematis-Welkkrankheit und sollten deshalb notfalls im Frühjahr mit einem kupferhaltigen Fungizid gespritzt werden. Erkrankte Stengel werden abgeschnitten und verbrannt. Bekannt sind vor allem *Clematis armandii* (I), *C. flammula* (So), *C. florida* (Hi), *C. macropetala* (So), *C. montana* (So) und *C. tangutica* (So), und von einigen dieser Arten sind gute Züchtungen erhältlich. Es gibt eine reiche Auswahl an großblütigen Gartenhybriden, wie ›Comtesse de Bouchaud‹, ›Ernest Markham‹, ›Jackmanii‹, ›Nelly Moser‹ (**21**), ›Perle d'Azur‹ und ›The President‹. Vermehrung durch 10 cm lange Stecklinge im Sommer im Warmbeet, oder durch Ablegen etwa um die Mitte des Frühjahrs. Bei den Clematis-Hybriden bewährt sich nach dem Pflanzen ein Rückschnitt auf 15–25 cm. Spät im Frühjahr blühende Züchtungen werden zur gleichen Zeit leicht zurückgeschnitten, dünne und abgestorbene Stengel entfernt. Das gleiche gilt für die Sommerblüher. Erst im Spätsommer oder Herbst blühende Züchtungen werden ebenfalls im Frühjahr bis

auf 10–15 cm des vorjährigen Holzes zurückgeschnitten. Zu stark wuchernde Pflanzen können auf eine Höhe von 60–75 cm zurückgeschnitten werden.

Cornus B, St, So
Hartriegel
Kleine Bäume und Sträucher, die vor allem ihrer farbigen Rinde, der hübschen Blätter und der Herbstbeeren wegen angepflanzt werden. Die Blätter sind meist eiförmig und grün oder weiß und gelb gemustert. Die kleinen weißen oder gelben Blüten stehen in Dolden, manchmal von rosa oder weißen Deckblättern umrahmt. Die Beeren sind blau oder rot. Im Herbst färben sich die Blätter und fallen ab, so daß bei manchen Arten die gelbe oder rote Rinde sichtbar wird. Sie alle gedeihen gut auf fetten Böden und an sonnigen Plätzen, wo sie sich am schönsten färben, vertragen jedoch auch Halbschatten. Die Baumformen werden etwa 2,5 m hoch und 1,75 m breit, die Strauchformen ca. 1,75 m hoch und 1,5 m breit. Geeignet sind *Cornus alba* und seine Varietäten, und *C. stolonifera* wegen der farbigen Blätter und Rinde, *C. florida* und *C. kousa* (**22**) wegen ihrer farbigen Deckblätter und *C. mas* der roten Beeren wegen. Vermehrung im Sommer durch 10 cm lange Stecklinge im Warmbeet oder durch verwurzelte Seitentriebe. Die Strauchformen können im Frühjahr bis auf eine Höhe von 20–25 cm zurückgeschnitten werden; bei der Baumform dagegen werden nur abgestorbene oder störende Äste entfernt.

Corylopsis St, So
Scheinhasel
Corylopsis spicata (**23**) wird wegen ihrer in duftenden Trauben stehenden gelben, glockenförmigen Blüten, die von Frühjahrsanfang bis -mitte reichlich erscheinen, viel angepflanzt. Nach den Blüten folgen die herzförmigen grünen Blätter. Diese Pflanzen lieben einen reichen Boden mit eingearbeitetem Torf und bevorzugen geschützte Standorte an sonnigen Mauern oder in Beeten, die im Schutz anderer Bäume und Sträucher liegen. Sie werden 2–3 m hoch und 1,5–2 m breit. Vermehrung durch Ableger im Spät-

herbst. Schneiden ist im allgemeinen nicht erforderlich.

Cotinus (Syn. Rhus) B, St, So
Perückenstrauch
Die beiden bekanntesten Arten, *Cotinus americanus* und *C. coggygria* (**24**) und ihre Varietäten (einschließlich der Form mit purpurfarbenen Blättern) haben eine runde Form und eiförmige Blätter, die sich im Herbst prächtig färben. Die Sommerblüten sind grünlichweiß oder rosa und werden rauchgrau, was dem Strauch ein leicht dunstiges Aussehen gibt. Höhe und Breite beträgt etwa 3 m. Vermehrung im Herbst durch Ableger. Dünne Triebe werden im Frühling entfernt.

Cotoneaster B, St, I, So, Hi
Felsenmispel, Steinmispel
Eine prachtvolle Gattung immergrüner, halbimmergrüner und laubabwerfender Pflanzen, die in jedem Boden und an jedem Standort gedeihen und sich für alle möglichen Formen der Pflanzung eignen: als Einzelbaum, Gebüsch, Hecke, Abgrenzung, im Steingarten und als Bodendecker. Im Frühsommer erscheinen rosa oder weiße, untertassenförmige Blüten im Überfluß, gefolgt von lange haltbaren, leuchtend gefärbten Beeren im Herbst. Die eiförmigen oder lanzettförmigen Blätter färben sich im Herbst oft wunderschön. Zu den Baumformen, die etwa 5 m hoch und breit werden, gehören *Cotoneaster ›Cornubia‹* (**25,** Hi), *C. x rothschildianus* (Hi) und (*C. x watereri* (Hi). *C. lacteus* (I), *C. franchetii* (I) und *C. simonsii* (Hi), etwa 3 m hoch und 2,5 m breit, eignen sich als Heckenpflanzen mit 30–90 cm Pflanzabstand. Zu den Straucharten gehören *C. bullatus* (So), *C. wardii* (I), *C. conspicuus* (I) und *C. salicifolius* (I), die etwa 2 m hoch und 1,5–2 m breit werden. Zu den langsam wachsenden Formen, die nur etwa 60 cm hoch, aber 1,5 m oder mehr breit werden, gehören *C. horizontalis* (So), *C. microphyllus* (I) und *C. ›Skogholm‹* (I). Vermehrung durch Herbstsaat im Frühbeet, durch 7,5–10 cm lange Stecklinge im Spätsommer oder durch Ableger im Spätherbst. Beschnitten wird nur wenn nötig, wobei immergrüne Arten im späten Frühjahr auf Form geschnitten werden, laubabwerfende Arten im späten Winter oder zum Herbstanfang, wenn es sich um Hecken handelt.

Crataegus B, St, So
Weißdorn
Winterharte, anspruchslose dornige Bäume und Sträucher, die in jedem Boden an freien Standorten gedeihen. Sie eignen sich gut als Einzelbaum in einer Rasenfläche. *Crataegus monogyna* ist eine gute Heckenpflanze (30 cm Pflanzabstand). Im späten Frühjahr erscheinen weiße, rosa oder rote Blü-

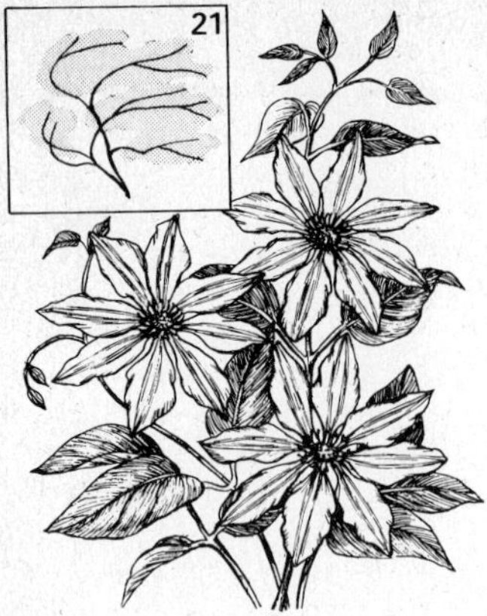

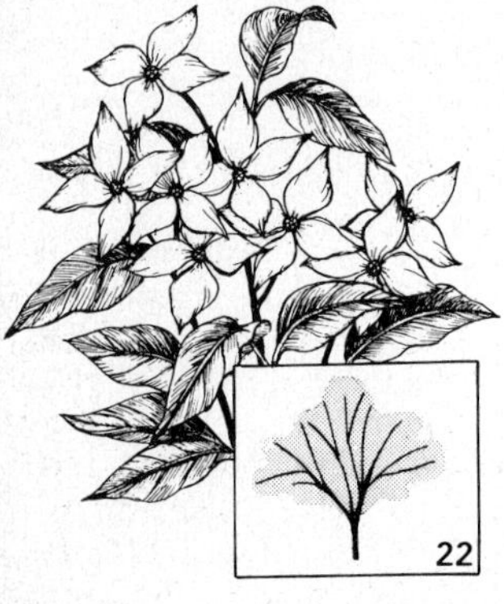

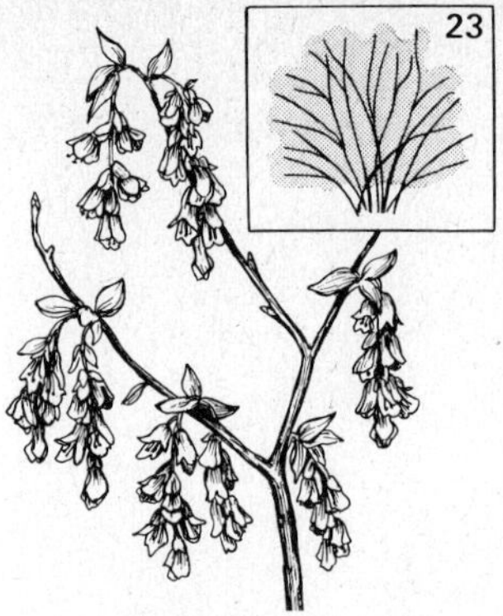

tenstände mit einfachen oder gefüllten Blüten, auf die im Herbst orange oder rote Früchte folgen. Die Blätter sind eiförmig oder gelappt und färben sich im Herbst bunt. Geeignet sind *Crataegus carrierei* (Syn. *C. lavallei*), *C. oxycantha* (**26**) und seine Varietäten und *C. prunifolia.* Höhe und Breite ca. 5–6 m. Die Vermehrung ist schwierig, so daß man am besten Pflanzen kauft. Außer einem sommerlichen Stutzen der Hecke ist ein Schnitt nicht erforderlich.

Cryptomeria N, B, I
Sicheltanne
Es gibt nur eine Art, *Cryptomeria japonica* (**27**), ein großer, konischer, schnellwachsender Baum mit pfriemförmigen Nadeln und rundlichen Zapfen. *C. j. ›Elegans‹*, die 4–6 m hoch und 3–4 m breit wird, ist die verbreitetste Form und insofern außergewöhnlich, als ihre grünen Nadeln sich im Herbst rot färben. Es gibt auch einige kleine, buschige Formen, etwa 1 m hoch und breit, die für Steingär-

25

26

ten oder als Einzelbäumchen im Beet geeignet sind. Alle mögen einen leicht sauren, tiefen Boden. Vermehrung durch 5–10 cm lange Stecklinge im Frühherbst im Frühbeet. Schneiden ist höchstens zur Einhaltung der Form nötig.

X Cupressocyparis N, B, I
Scheinzypressen-Hybride
Diese Hybride, *x Cupressocyparis leylandii* (**28**) und ihre Varietäten zeichnen sich durch schnelles Wachstum und ihre Säulenform aus, durch die sie besonders für Hecken und Abschirmungen geeignet sind. Die schuppenartigen, dreieckigen Blätter sind grün, grau oder gelb, und manchmal bilden sich kleine rundliche Zapfen. Die Bäume können 20 m hoch und bis zu 5 m breit werden, lieben tiefen Boden und Sonne oder Halbschatten. Am Anfang brauchen sie eine gute Stütze, damit sie aufrecht wachsen. Bei Hecken beträgt der Pflanzabstand 60–75 cm. Vermehrung durch 10 cm lange Stecklinge von den Seitentrieben im Herbst im Freiland. Hecken werden im Frühherbst geschnitten, und sobald die Hecke die gewünschte Höhe hat, entfernt man die Haupttriebe.

Cytisus St, So
Ginster
Üppig blühende Sträucher mit duftenden gelben, weißen, roten oder zweifarbigen, wickenähnlichen Blüten im Frühsommer, mit dreilappigen Blättern oder mit fast blattlosen, grünen Zweigen. Sie gedeihen in sandigen Böden am besten und lieben volle Sonne. *Cytisus scoparius* (**29**) und seine vielen Hybriden und Varietäten sieht man am häufigsten. Er wird etwa 2,5 m hoch und breit, *C. praecox* ist ein wenig kleiner. Für Steingärten sind vor allem *C. x beanii, C. x kewensis, C. purgans* und *C. purpureus* geeignet. Sie werden etwa 60 cm hoch und 120 cm breit. Zu den größeren Arten, die bis zu 3 m hoch werden, gehören *C. albus* und *C. battandieri.* Sie alle nehmen Störungen im Wurzelbereich übel, deshalb kauft man sie am besten in Containern. Vermehrung durch Samen im späten Frühjahr oder durch

7,5–10 cm lange Stecklinge im Sommer im Warmbeet. Meistens brauchen sie nicht geschnitten zu werden, nötigenfalls schneidet man nach der Blüte das vorjährige Holz zurück.

Daboecia St, I
Glockenheide
Am häufigsten werden *Daboecia cantabrica* **(30)** und ihre Varietäten gepflanzt. Sie mögen einen sauren, torfhaltigen Boden und wirken hübsch in einem Steingarten, Heidegarten oder als Bodendecker. Die kleinen, dunkelgrünen Blätter haben eine silbrige Unterseite. Vom späten Frühjahr bis zum Winter stehen die purpurnen, rosa oder weißen glockenförmigen Blüten an langen Stengeln. Höhe und Breite beträgt ca. 30–60 cm. Vermehrung und Schnitt wie bei Calluna s. S. 76.

Daphne St, I, So, Hi
Seidelbast
Eignet sich als Begrenzung von Beeten und Steingärten und gedeiht in reichem Boden in Sonne oder leichtem Schatten. Je nach Varietät bildet er vom Winter bis zum Frühsommer duftende Blütenstände mit rosa, röt-

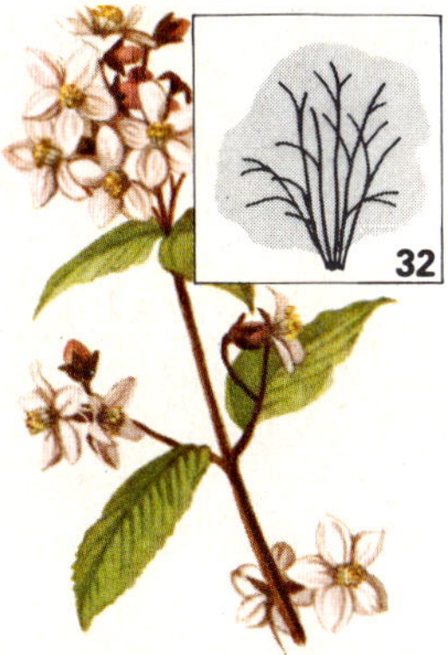

lich oder weiß gefärbten Blüten. Diesen folgen manchmal farbige, giftige Beeren. Die Blätter sind eiförmig oder lanzettförmig, die Größe der Sträucher variiert zwischen 15–300 cm Höhe und 30–300 cm Breite. Am frühesten blühen *Daphne mezereum* (So) und *D. odora* (I) und ihre Varietäten, gefolgt von *D. x burwoodii* (Hi), *D. cneorum* (**31**, I) und *D. collina* (I) und ihre verschiedenen Formen. Vermehrung im Spätsommer durch 5–10 cm lange Stecklinge im Frühbeet. Schneiden ist nicht erforderlich, nur im Frühjahr dünne Triebe entfernen.

Deutzia St, So
Deutzie
Winterharte, anspruchslose, verläßliche Sträucher, die im Frühsommer blühen, für Stadt und Land geeignet. Sie bevorzugen einen reichen Boden, auch wenn er kalkhaltig ist, und einen sonnigen Standort. Die braune Rinde schält sich oft; die Blätter sind eiförmig oder lanzettförmig, und im Sommer bilden sich an langen Stengeln Blütenstände mit weißen, rosa oder purpurnen Blüten. Geeignet sind vor allem *Deutzia x elegantissima* (**32**), *D. x hybrida, D. x kalmiflora, D. x*

rosea und *D. x scabra* und ihre Varietäten. Vermehrung durch 7,5–10 cm lange Stecklinge von den Seitentrieben im Sommer im Warmbeet oder im Herbst durch 30 cm lange Holzstecklinge im Freien. In der Sommermitte werden alte Äste dicht über der Erde abgeschnitten, um neues Wachstum zu fördern.

Eleagnus St, I, Hi
Ölweide
Wird vor allem wegen des dekorativen Blattwerks und den orangebraunen Zweigen und Trieben gepflanzt. Mit 45 cm Pflanzenabstand gesetzt, bilden sie schöne Hecken und Abschirmungen. Die eiförmigen Blätter sind grün mit gelben Mustern oder mit silbriger Unterseite. Die Blüten sind, falls welche erscheinen, unauffällig silbrigweiß, im Herbst folgen darauf Beeren. Alle Arten sind winterhart und kälteresistent, gedeihen in jedem Boden und brauchen sonnige oder leicht schattige Standorte. Am häufigsten sieht man *Eleagnus x ebbingii* (I), *E. macrophylla* (I), *E. pungens* (**33**, I), *E. umbellata* (Hi) und ihre Varietäten. Sie werden 1,5–3 m hoch und breit. Vermehrung im Spätsommer durch 7,5–10 cm lange Stecklinge im Frühbeet. Dünne Triebe werden im Frühjahr entfernt, und grünblättrige Zweige bei Formen mit gemusterten Blättern abgeschnitten, sobald sie erscheinen. Hecken muß man im Frühsommer und Frühherbst trimmen.

Enkianthus St, So
Prachtglocke
Sträucher, die für schattige Standorte geeignet sind, jedoch einen sauren Boden und eine jährliche Gabe Torf brauchen. Die eiförmigen oder elliptischen Blätter sind im Sommer grün, färben sich im Herbst leuchtend rot oder orange. Die Blütenstände aus kleinen, meist glockenförmigen, gelben oder weißen, häufig rot geäderten Blüten erscheinen im späten Frühjahr. Am bekanntesten sind *Enkianthus campanulatus* (**34**), *E. cernuus* und *E. perulatus.* Sie werden ca. 2 m hoch und 1 m breit. Im Spätsommer Vermehrung durch 7,5–10 cm lange Stecklinge im Frühbeet. Schneiden ist unnötig; nur abgestorbenes oder unerwünschtes Holz wird entfernt.

Erica St, I
Erika, Heidekraut
In der Größe sehr unterschiedliche Sträucher, von 5 cm bis 3 m Höhe und 20 cm bis 2 m Breite, deshalb sowohl als Einzelpflanze wie als Steingartengewächs oder Bodendecker geeignet. Außer den in Winter und Frühjahr blühenden Arten brauchen alle saure Böden und bevorzugen Sonne. Auf die oberste Bodenschicht wird jährlich eine Lage Torf aufgebracht. Die Blätter sind nadelartig und meist grün, manchmal aber auch orange, rot oder gelb. Die glockenförmigen rosa, purpurnen, weißen oder zweifarbigen Blüten stehen am Ende der Zweige und sind je nach Art und Varietät zu jeder Jahreszeit zu finden. Zu den Winter- und Frühjahrsblühern gehören *Erica carnea* (**35**), *E. x darleyensis, E. mediterranea* und ihre Varietäten. Zu den Sommer- und Herbstblühern zählen *E. cinerea, E. terminalis, E. tetralix* und *E. vagans* und ihre Varietäten. Vermehrung durch 5 cm lange Stecklinge von den Seitentrieben, die im Spätsommer in Anzuchttöpfe

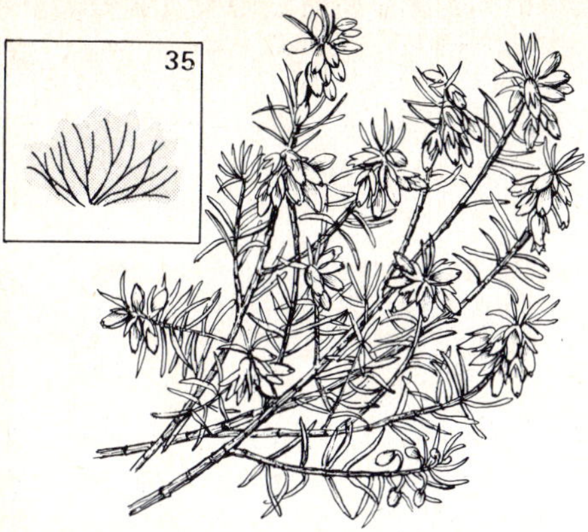

35

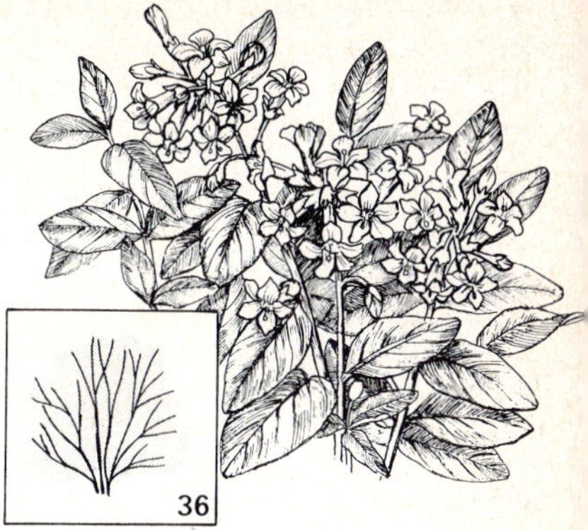

36

gepflanzt werden; bei großen Pflanzen vermehrt man durch Ableger. Abgestorbene Blüten werden abgeschnitten, große Arten mit der Heckenschere getrimmt, um dünne Triebe nach der Blüte zu vermeiden. Siehe auch *Calluna,* S. 76 und *Daboecia,* S. 86

Escallonia St, I, Hi

Eine Gruppe immergrüner oder halbimmergrüner Sträucher, die in jedem Gartenboden gut gedeihen, besonders in Küstennähe. Sowohl für Hecken wie als Windschutz geeignet (mit 45 cm Pflanzabstand), aber auch als Einzelstrauch. Einige Sorten sind nicht ganz winterhart und sollten möglichst geschützt und sonnig stehen. Die Blätter sind im allgemeinen lanzettförmig oder etwas rundlich und mittel- bis dunkelgrün. Die Blütenstände halten sich den ganzen Sommer über. Die röhrenförmigen Blüten sind weiß, rosa oder rot gefärbt. Die Büsche werden 1,5–3 m hoch und 1,5–2 m breit. Die verschiedenen Arten sind nicht besonders auffällig, und die gezüchteten Hybriden und Varietäten sieht man praktisch überall. Dazu gehören *Escallonia x ›Edinensis‹,* (Syn. *E. x langleyensis*) (Hi), und *E. x iveyi* (I) und die ›Donard‹-Varietäten, ebenso ›C. F. Ball‹ und ›Apple Blossom‹ (**36**). Vermehrung durch 7,5–10 cm lange Stecklinge im Spätsommer im Frühbeet. Hecken und Sträucher werden nach der Blüte geschnitten, dabei werden alle dünnen Äste stark zurückgenommen.

Eucalyptus B, St, I

Eukalyptus

Wird meistens als Einzelbaum mit Höhen von 6–20 m gepflanzt. Man kann ihn jedoch auch zur Strauchform erziehen, wenn man ihn ein bis zwei Jahre nach dem Pflanzen bis dicht über den Boden zurückschneidet. Die Blätter dieser Gehölze sind ungewöhnlich, im juvenilen Stadium oft abgerundet und silbrig-blau oder bronzen; erst später verwandeln sie sich in grüne, lanzettförmige Blätter. Die Baumkronen sind locker, so daß sie einen gesprenkelten Halbschatten werfen. Häufig ist die Stammrinde

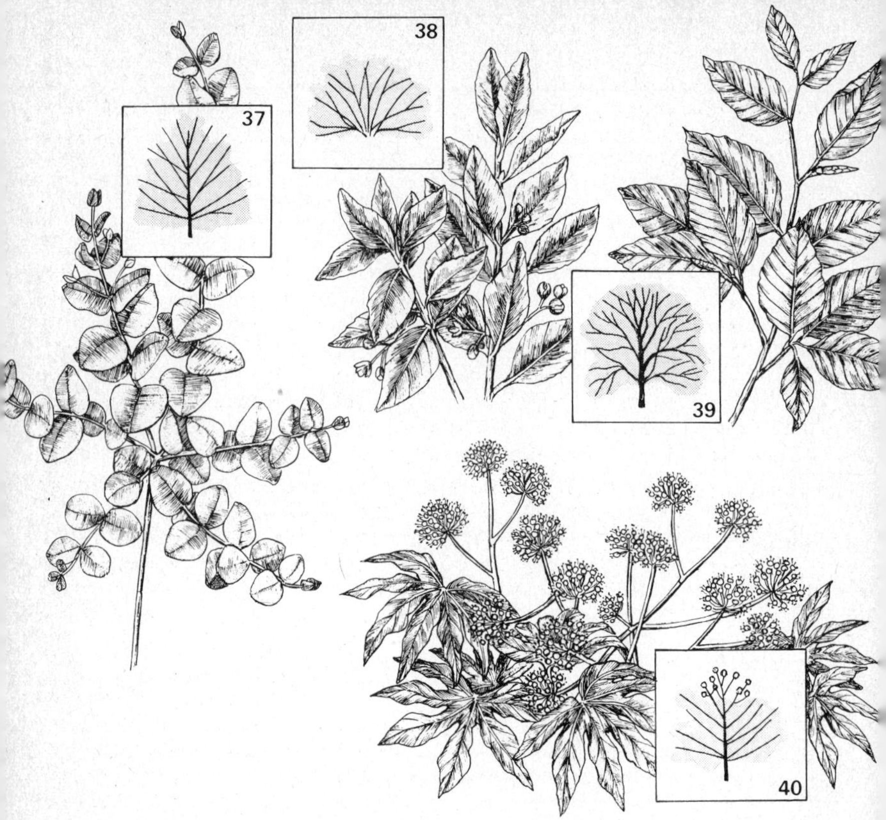

schuppig und farbig. Über sechs Jahre alte Bäume bilden im Sommer weiße Blütenstände aus. Sie bevorzugen gut drainierten, relativ nährstoffreichen und kalkfreien Boden und Sonnenlagen und vertragen keine Zugluft. Junge Pflanzen müssen anfangs gut gestützt werden. Die winterharten Arten, die am häufigsten gepflanzt werden, sind *Eucalyptus dalrympleana, E. gunnii* (**37**) und *E. niphophila,* die bis zu 12 m hoch und 5 m breit werden. Vermehrung durch Samen im Warmbeet, besser ist aber die Aufzucht junger gekaufter Pflanzen. Ein eventuell nötiger Formschnitt wird im späten Frühjahr ausgeführt.

Euonymus St, I, So
Spindelstrauch, Pfaffenhütchen
Sträucher, die hauptsächlich der Herbstfärbung ihrer eiförmigen Blätter und der rot leuchtenden, lustig geformten Früchte wegen gewählt werden. Sie gedeihen in allen Böden gut, selbst in kalkhaltigen, und in Meeres-

nähe. Die immergrünen Formen mit oft gemusterten Blättern sollten an einem warmen, geschützten Platz stehen. Man pflanzt mehrere zusammen, damit sie garantiert Früchte bringen. Einige immergrüne Arten eignen sich als Heckenpflanzen (45 cm Pflanzabstand) und als Bodendecker. Die laubabwerfenden Formen werden etwa 1,5–3 m hoch und 1–2 m breit. Geeignete Arten sind *Euonymus alate, E. europaeus* und ihre Varietäten, und *E. yedoensis.* Die bekanntesten immergrünen Arten sind *E. fortunei* (**38**) und *E. japonica* und ihre Varietäten. Ihre Höhe variiert zwischen 30 cm und 2 m, die Breite zwischen 30 cm und 3 m. Vermehrung im Sommer durch 7,5–10 cm lange Stecklinge im Frühbeet. Ein Schnitt ist fast unnötig, nur Hecken müssen im Spätfrühling und Frühherbst gestutzt werden. Wenn nötig, kann man sie auch im Frühsommer kräftig zurückschneiden.

Fagus B, So
Buche
Fagus sylvatica (**39**), die Rotbuche, ist ein großer Baum mit runder Krone und leuchtendgrünen, eiförmigen Blättern, die sich im Herbst gelb und braun färben. Den unauffälligen grünen Blüten folgen im Herbst braune Früchte. Für die meisten Gärten ist die gewöhnliche Rotbuche zu groß, doch ihre Varietäten, die etwa 6 m hoch und breit werden, verschiedene Blattfarben haben und runde bis hängende Kronen, eignen sich als Einzelbäume. In 60 cm Abstand gepflanzt und regelmäßig gestutzt, sind sie als Heckenpflanze sehr verbreitet. Sie gedeihen in jedem Boden gut. Vermehrung erfolgt im Frühherbst durch Aussaat im Freien. Mitte des Sommers schneidet man Bäume und Hecken so weit wie nötig zurück (Hecken behalten ihre rotbraunen Blätter den Winter über, wenn sie auf diese Weise geschnitten werden).

Fatsia (Syn. Aralia) St, I
Aralie
Nur eine Art, *Fatsia japonica* (**40**), die in jedem Boden und unter allen Bedingungen, in Sonne oder Schatten, gut gedeiht. Exotisch anmutende, dunkelgrüne, gelappte, glänzende Blätter und große weiße Blütenköpfe im Herbst. Höhe und Breite etwa 2–4 m. Vermehrung im Frühjahr durch Aussaat im Warmbeet oder durch Einsetzen von Seitentrieben ins Frühbeet. Beim Schnitt werden lediglich zu dünne Triebe zurückgenommen.

Forsythia St, So
Forsythie, Goldglöckchen
Dieser anspruchslose, winterharte Strauch wird wegen seiner gelben, röhrenförmigen Blüten angebaut, die gegen Ende des Winters oder zu Frühjahrsbeginn noch vor den lanzettförmigen Blättern erscheinen. Er wird etwa 2,5 m hoch und breit. Am häufigsten sieht man *Forsythia x intermedia* (**41**) und *F. suspensa* und ihre Formen, Hybriden und Varietäten. *F. intermedia* ›Spectabilis‹ eignet sich für ungewöhnliche Hecken (Pflanzabstand 45 cm). Vermehrung erfolgt durch 30 cm lange Stecklinge im Herbst oder durch Umpflanzen natürlicher Ableger im Herbst. Altes Holz und blütentragende Triebe werden nach der Blüte entfernt. Hecken werden zur gleichen Zeit gestutzt. Wenn

F. suspensa an einer Wand erzogen wird, müssen im späten Frühjahr die blühenden Triebe auf ein bis zwei Augen zurückgeschnitten werden.

Fuchsia St, So
Fuchsie
Die winterharten Fuchsien, die im Freien gedeihen, sind Varietäten von *Fuchsia magellanica* (**42**) und Hybriden (von dieser und anderen Arten). Diese Art, die 2 m hoch und 3 m breit werden kann, eignet sich als Einzelbaum oder bei mildem Klima auch für Hecken (Pflanzabstand 45 cm). Sie wachsen in jedem guten, mit Humus angereicherten Gartenboden, vertragen jedoch keine zugigen Standorte. Sie bevorzugen Sonne oder leichten Schatten. Die Blätter sind lanzettförmig, grün oder gemustert, und die hängenden, röhrenförmigen Blüten sind rot, rosa, purpur, malvenfarbig, weiß oder zweifarbig und blühen vom Frühsommer bis zum Herbst. Die winterharten Varietäten von *F. magellanica* können zwischen 60 cm und 2 m hoch werden, ebenso die Hybriden. Obwohl sie meist als Büsche wachsen, kann man sie auch als Bäumchen erziehen mit einem 60 cm hohen Stamm und einer runden Krone. Vermehrung erfolgt vom Frühjahr bis Herbst durch 7,5–10 cm lange Stecklinge von den Triebspitzen im Warmbeet. Büsche werden zu Beginn des Frühjahrs bis auf Bodenhöhe zurückgeschnitten; bei Bäumchen schneidet man nur die Triebe zurück. In ungeschützten Lagen können Frostschäden auftreten, deshalb muß auch alles tote Holz entfernt werden. Im Herbst schützt man die Wurzeln durch eine Mulchdecke aus Torf oder Blättern.

Garrya St, So
Seidenquastenstrauch
Die einzige weitverbreitete Art ist *Garrya elliptica* (**43**), die mit ihren graugrünen, eiförmigen Blättern und den grünlich-gelben, 15–20 cm langen, seidigen Kätzchen am Ende des Winters oder zum Frühlingsanfang an einem geschützten Standort oder vor einer Südwand sehr attraktiv aussieht. Im allgemeinen wird nur diese männliche Form angepflanzt, die etwa 4 m hoch und 3 m breit wird. Sie gedeiht in jedem Boden gut, verträgt jedoch keine Störung im Wurzelbereich. Im ersten Winter schützt man sie durch eine Mulchdecke und einen Windschutz. Vermehrung erfolgt im Sommer durch 7,5–10 cm lange Stecklinge im Frühbeet oder durch Ableger im Herbst. Im späten Frühjahr werden zu dünne Triebe entfernt.

Genista St, So
Ginster
Ähnlich wie Cytisus bevorzugt er einen gut drainierten Boden und einen sonnigen Standort. Im späten Frühjahr und im Frühsommer sind die Zweige mit gelben, erbsenförmigen, oft duftenden Blüten geschmückt. Die Blätter sind klein und lanzettförmig, oft kaum vorhanden. Die größte Art ist *Genista aetnensis* mit einer Höhe und Breite von ca. 5 m. Zu den kleineren Arten gehören *G. hispanica, G. lydia* (**44**) und *G. tinctoria* und ihre Varietäten; sie werden etwa 60–120 cm hoch und breit. Sie alle vertragen keine Störung im Wurzelbereich, so daß man sie am besten im Container kauft. Vermehrung im Sommer durch 5–10 cm lange Stecklinge im Frühbeet oder durch Aussaat im Frühjahr im

Warmbeet. Wenn nötig nach der Blüte zurückschneiden; damit junge Pflanzen buschig bleiben, die Wachstumsknoten der Triebe ausschneiden.

Gleditsia (Syn. Gleditschia) B, So
Christusdorn
Am bekanntesten sind *Gleditsia triacanthos* (**45**) und ihre Varietäten. Sie eignet sich als Einzelbaum in jedem Boden, wird bis zu 9 m hoch und 3 m breit. Die hübschen, hellen Blätter sind gefiedert und färben sich im Herbst gelb. Den unauffälligen Blüten folgen dunkelbraune, gedrehte Samenschoten. Stamm und Zweige sind ganz mit Dornen besetzt. Vermehrung im Frühjahr durch Aussaat im Frühbeet. Nur totes Holz entfernen.

Hamamelis St, So
Zaubernuß
Hübsche Sträucher, die den Winter über an blattlosen, verzweigten Ästen Büschel ungewöhnlicher Blüten mit streifenförmigen Blütenblättern in gelb, rot oder rot und gelb tragen. Die Blätter sind meist eiförmig und färben sich oft im Herbst. Sie bevorzugen neutrale oder saure, feuchte Böden und sonnige, geschützte Standorte und werden etwa 3 m hoch und breit. Am häufigsten sieht man *Hamamelis x intermedia, H. japonica* und *H. mollis* (**46**) und ihre Varietäten. Vermehrung erfolgt durch Ableger im Frühherbst oder durch 10 cm lange Stecklinge, die im Frühherbst ins Frühbeet gepflanzt werden. Nach der Blüte alle zu dünnen Triebe zurückschneiden.

Hebe St, I
Strauchveronika
Diese anspruchslosen Sträucher aus Neuseeland lieben einen sonnigen Platz. Je nach Varietät eignen sie sich als Einzelsträucher, für Steingärten oder als Bodendecker. Die Blätter sind meist eiförmig, manchmal lanzettförmig und blaßgrün, dunkelgrün oder grau. Die Blütenstände erscheinen im Sommer und Herbst, wobei jede Blüte vier Blütenblätter besitzt und tassenförmig – blau, violett, rosa oder weiß – ist.
Die Zwergformen und kriechenden Formen, die bis zu 1 m hoch und breit werden, umfassen *Hebe albicans, H. ›Autums Glory‹, H. ›Carl Teschner‹* und *H. ›Pagei‹* (Syn. *H. pageana* und *H. pinguifolia*). Zu den größeren Arten, die bis zu 1,5 m hoch und breit werden, gehören *H. brachysiphon* (Syn. *H. traversii, H. ›Great Orme‹* und *H. salicifolia.* Sie sind zwar recht empfindlich und gedeihen nur in mildem Seeklima, aber *H. speciosa* und ihre Varietäten und Hybriden (**47**) sind besonders schön gefärbt. Vermehrung im Sommer durch 5–10 cm lange Stecklinge im Frühbeet. Im späten Frühjahr nur die zu dünnen Triebe zurückschneiden.

Hedera Kl, I
Efeu
Anspruchslose, winterharte Kletterpflanzen, die an Wänden hochranken können oder in Buschform als Bodendecker dienen. Sie gedeihen in jedem Boden, an jedem Standort, unter allen Bedingungen und überleben sogar Vernachlässigung. Die jungen Blätter sind meist gelappt, die ausgewachsenen eiförmig, manchmal tief eingeschnitten; sie können glänzend grün, manchmal gelb oder gemustert sein. Die grünen Blüten und Früchte stehen

an der Sproßspitze, sind jedoch meist ziemlich unauffällig. Am meisten verbreitet sind die vielen Varietäten von *Hedera canariensis* und *H. helix* (**48**), die etwa 5–6 m hoch und breit werden. Vermehrung erfolgt im Sommer durch 7,5–10 cm lange Spitzenstecklinge im Frühbeet. Für Kletterpflanzen verwendet man Seitentriebe, für Buschformen ausgewachsene Triebe. Zum Anfang des Frühjahrs und im Sommer Formschnitt durchführen.

Helianthemum St, I
Sonnenröschen
Kleine, immergrüne Sträucher, die an sonnigen Plätzen in jedem Boden gut gedeihen; sie sind besonders für Steingärten und trockene Lagen geeignet. Die langen, schmalen Blätter sind grün oder grau, und im Frühsommer erscheint eine Vielzahl eher flacher Blüten in allen Farben, außer blau. Am häufigsten sieht man die Varietäten von *Helianthemum nummularium* (**49**) (Syn. *H. chamaecistus, H. vulgare*), die etwa 15 cm hoch und 60 cm breit werden. Vermehrung erfolgt im Sommer durch 5 cm lange, nichtblühende Seitentriebe mit einem Stück Altholzansatz im Frühbeet. Nach der Blüte erfolgt ein Rückschnitt mit der Schere. Anmerkung: In Katalogen wird Helianthemum manchmal unter krautigen, winterharten Stauden geführt.

Hibiscus St, So
Eibisch
Geeignet als Einzelstrauch oder in gemischten Beeten. Sie haben eine runde Form und tragen vom Spätsommer bis zum Frühherbst einfache oder gefüllte Blüten, die an kleine Rosenblüten erinnern. Die Blüten sind weiß, rosa, blau oder zweifarbig und untertassenförmig. Die dreilappigen, glänzend grünen Blätter entwickeln sich im Frühling später als die der meisten anderen Sträucher. Sie lieben einen gut drainierten Boden, volle Sonne und Schutz vor kalten Winden. Am meisten verbreitet sind die Varietäten von *Hibiscus syriacus* (**50**), die etwa 3 m hoch und 2 m breit werden. Vermehrung erfolgt im Sommer durch 7,5–10 cm lange Stecklinge nichtblühender Triebe im Frühbeet. Nach der Blüte schneidet man lange Triebe zurück, um die Form zu erhalten.

Hydrangea St, Kl, So
Hortensie
Hydrangea petiolaris (Syn. *H. scandens*) ist eine selbstrankende Kletterpflanze, die bis zu 18 m hoch und breit werden kann. Im Frühsommer trägt sie tellerförmige weiße Blütendolden. Sie bevorzugt nach Norden liegende Standorte. Alle anderen Hortensien, die im Freien gehalten werden, sind laubabwerfende Sträucher und bevorzugen einen sonnigen oder halbschattigen, geschützten Standort. Alle brauchen einen nährstoffreichen, gut drainierten Boden, viel Feuchtigkeit im Sommer und eine jährliche Gabe humusbildenden Materials. Die breiten Blätter sind meist eiförmig, manchmal gezähnt und im allgemeinen grün. Die bekannteste Art ist *H. macrophylla* (Syn. *H. hortensis*). Die blauen, rosa oder weißen Blüten, die vom Sommer bis zum Frühherbst zu sehen sind, stehen in großen, ballähnlichen Blütenständen oder in flachen Dolden mit ca. 15 cm Durchmesser (Spitzenhäubchengruppe). Die Sträu-

41
44
45
42
46
43
47

cher werden ca. 1,5–2 m hoch und breit. Bei kalkhaltigem Boden werden die blauen Sorten rosa, wenn man nicht während der Wachstumszeit alle ein bis zwei Wochen dem Gießwasser Ammoniakalaun beimischt; auf sauren oder torfigen Böden behalten sie ihre blaue Farbe auch ohne Hilfsmittel. Umgekehrt können sich rosa Sorten auf sauren oder neutralen Böden purpurn oder malvenfarbig färben. Außer dieser Art werden noch *H. paniculata* und ihre Varietäten mit weißen Blüten und *H. villosa,* die lavendelfarben blüht, angepflanzt. Sie werden etwa 1–2 m hoch und breit. Vermehrung erfolgt durch Anzucht von 10 cm langen Stecklingen im Frühbeet, bei kletternden Arten im Frühsommer, bei Strauchformen im Frühherbst. Im Herbst oder im Frühling entfernt man die alten Blütendolden (die sich gut für Blumengestecke eignen). Außerdem entfernt man bei *H. macrophylla*-Varietäten **(51)** altes Holz in Bodenhöhe und schneidet bei *H. paniculata* im Frühling kräftig zurück.

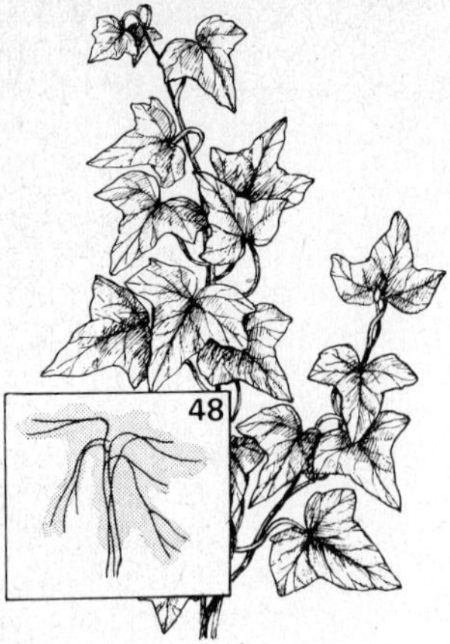

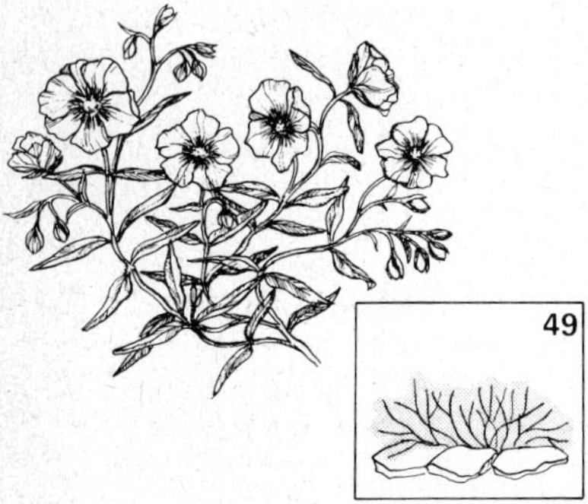

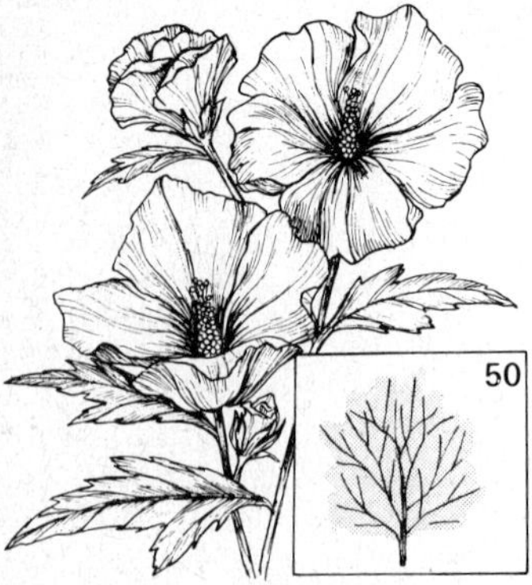

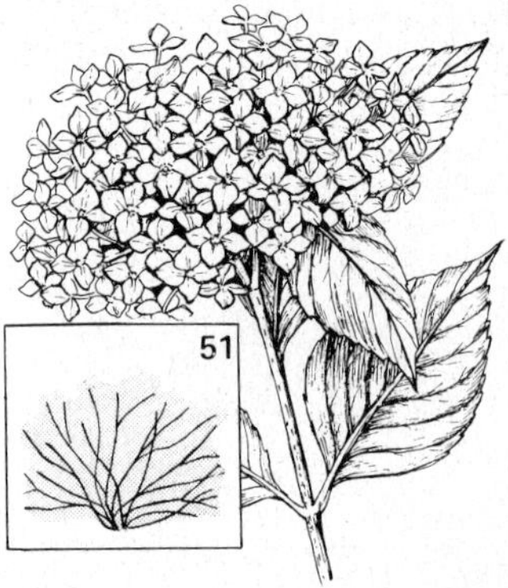

Hypericum St, I, So, Hi
Johanniskraut
Einige Arten eignen sich als Bodendecker, andere als Einzelsträucher im Beet, die Zwergformen für Steingärten. Die grünen Blätter sind eiförmig oder lanzettförmig. Viele Arten sind immergrün, einige laubabwerfende Arten in mildem Klima halbimmergrün und färben sich im Herbst bunt. Sie blühen von Frühsommer bis Herbst und haben untertassenförmige, einfache, leuchtendgelbe Blüten, denen manchmal rote Früchte folgen. Alle gedeihen in jedem Boden und lieben volle Sonne. Zu den Strauchformen für Beete gehören *Hypericum androsaemum* (So), *H. elatum* (Hi), *H. patulum* (Hi) und seine Formen, einschließlich *H. p.* ›*Hidcote*‹ (Hi). Sie werden etwa 1–2 m hoch und breit. Zu den niedrigen Arten gehören *H. calycinum* (**52**) (I) und *H. x moserianum* (Hi), die etwa 30–60 cm hoch und unbegrenzt breit werden. Vermehrung erfolgt im Sommer durch 5–10 cm lange Stecklinge im Frühbeet oder durch Teilung von *H. calycinum* im Herbst. Die größeren Arten werden im Frühjahr bis fast auf Bodenhöhe zurückgeschnitten, und auch die niedrigen Arten werden gestutzt.

Ilex B, St, I
Stechpalme
Langsam wachsend, meist eher als Strauch denn als Baum behandelt, in Pyramidenform. Gedeiht in jedem Boden, in Sonne oder Schatten, obwohl die Formen mit gemusterten Blättern in der Sonne am prächtigsten heranwachsen. Die Blätter sind eiförmig, meist stachelig und glänzend-dunkelgrün, gelb, silbern oder ähnlich gemustert. Im Frühsommer erscheinen unauffällige weiße oder grüne Blüten, gefolgt von roten Beeren an den weiblichen Pflanzen, vorausgesetzt, daß beide Geschlechter zusammen gepflanzt wurden. Die männlichen Pflanzen tragen keine Beeren, werden aber gern wegen ihres Blattwerks gewählt. Sie können bis zu 8 m hoch und 4 m breit werden, erreichen jedoch im Garten kaum jemals diese Ausmaße. Empfehlenswerte Arten,

52

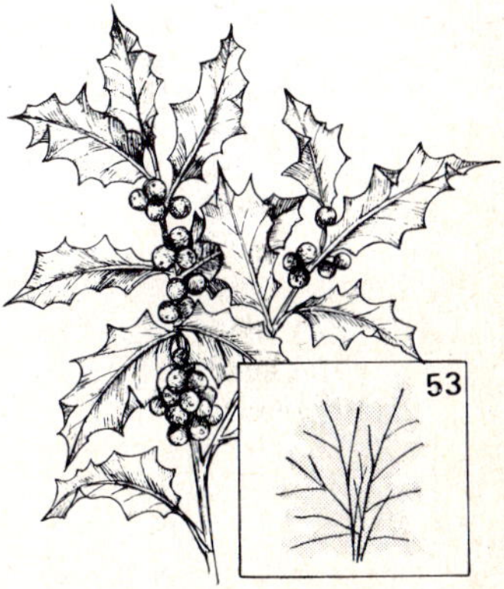
53

Hybriden und ihre Formen sind *Ilex x altaclarensis* und *I. aquifolium* (**53**) sowie die kleineren Formen *I. crenata* und *I. pernyii.* Gute Heckenpflanzen, Pflanzabstand 60 cm. Vermehrung erfolgt im Sommer durch 7,5–10 cm lange Stecklinge im Frühbeet. Einzelbäume erhalten im Sommer einen Formschnitt, Hecken werden im Frühjahr gestutzt. Bei Formen mit gemusterten Blättern werden Triebe mit rein grünen Blättern entfernt.

Jasminum Kl, So, Hi
Jasmin
Sehr populäre Kletterpflanze, die man an Wänden, Spalieren, Pergolen, alten Bäumen und ähnlichem hochranken lassen kann. Sie gedeiht in jedem Boden an sonnigen Standorten, möglichst vor kaltem Wind geschützt. Die Blätter sind meist gefiedert, die gelben, weißen oder rosa Blüten trompetenförmig und duften stark. Die Pflanzen können je nach Erziehung 3–9 m hoch werden. Am frühesten blüht *Jasminum nudiflorum,* vom Winter bis zum Frühling, gefolgt von *J. officinale* (**54**) und ihren Varietäten und *J. stephanense* im Sommer. Die Vermehrung erfolgt im Sommer durch Knotenstecklinge im Frühbeet oder durch Ablegen im Herbst. Nach der Blüte werden unerwünschte Triebe ausgeschnitten.

Juniperus N, B, St, I
Wacholder
Eine Gattung, die von großen, konischen bis hängenden Bäumen bis hin zu kleinen, langsam wachsenden, niedergestreckten Arten viele Formen umfaßt. Alle gedeihen in jedem Boden, selbst in kalkhaltigem, können als Einzelbäume, als Bodendecker oder im Steingarten Verwendung finden und sorgen das ganze Jahr über für Farbe. Die Nadeln können im Jungstadium pfriemförmig, ausgewachsen geschuppt sein. Beide Formen sind bisweilen an einer Pflanze zu finden. Sie können grün, golden, blaugrau oder fast weiß sein. Anstelle von Zapfen bringt der Wacholder fleischige, schwarze oder blaue Beeren hervor. Von den Baumformen werden *Juniperus chinensis, J. communis* (**55**) und *J. virginiana* am häufigsten gepflanzt. Sie werden bis 8 m hoch und 2 m breit. Es gibt viele Zwergformen dieser und anderer Arten, einschließlich *J. horizontalis, J. procumbens, J. sabina* und *J. squamata.* Die Zwergformen, auch das bekannte graublaue »Bäumchen« ›Skyrocket‹, werden etwa 60 cm–2 m hoch und bis zu 2 m breit. Vermehrung im Herbst durch 5–10 cm lange Stecklinge oder durch Samen im Frühbeet. Unerwünschte Triebe bei den kleinen Arten im Frühjahr oder Sommer entfernen.

Kalmia St, I
Lorbeerrose
Winterharte Pflanzen für alle kalkfreien Böden in Sonnen- oder leichter Schattenlage. Sie haben lanzettförmige, ledrige, grüne Blätter und bringen im Frühsommer eine Unmenge von rosa, untertassenförmigen Blüten in Dolden hervor. Die bekannteste Art ist *Kalmia latifolia* (**56**), die ca. 2–3 m hoch und breit wird. Vermehrung erfolgt durch Absenken oder im Spätsommer durch 10 cm lange Stecklinge im Frühbeet. Abgestorbene Blütenstände und nicht in die Form passende Triebe werden entfernt.

Kerria St, So
Ranunkelstrauch
Nur eine Art, *Kerria japonica* (**57**) und ihre Varietäten werden viel angebaut, entweder in Beeten oder an Wänden. Sie bevorzugen einen gut entwässerten Boden und Sonne oder Halbschatten. Sie haben schlanke, glänzendgrüne Zweige und hellgrüne oder gemusterte, lanzettförmige, gezähnte Blätter und variieren in Höhe und Breite von 80 cm bis 4 m. Im Spätfrühjahr erscheinen einfache oder gefüllte gelbe Blüten in lockeren Blütenständen. Vermehrung erfolgt im Spätsommer durch 10–12,5 cm lange Stecklinge im Frühbeet oder durch Teilung im Winter. Alle abgeblühten Triebe werden im Frühsommer für einen Neuaustrieb zurückgeschnitten. Altes Holz wird entfernt.

Laburnum B, St, So
Goldregen
Erzogen zu Bäumen oder Sträuchern, stellen sie hübsche Einzelpflanzen für den Garten dar. Sie gedeihen in jedem Boden an sonnigen oder leicht schattigen Standorten gut, sollten aber bis zum richtigen Anwachsen eine Stütze erhalten. Im Frühsommer tragen sie lange, dichte, gelbe Blütentrauben mit erbsenähnlichen Blüten. Die Blätter sind grün oder gelb und setzen sich aus drei im Kreis angeordneten lanzettförmigen Einzelblättchen zusammen. Den Blüten folgen braune, bohnenähnliche Samenhülsen. Im Winter leuchten die jungen Triebe glänzend grün. Am häufigsten werden *Laburnum alpinum, L. anagyroides* (**58**), (Syn. *L. vulgare*) und *L. x watereri* (Syn. *L. x vossii*) gepflanzt. Sie werden bis zu 6 m hoch und 4 m breit. Vermehrung erfolgt bei Herbstanfang durch Aussaat im Frühbeet. Vorsicht: Alle Pflanzenteile sind giftig, vor allem die Samen! In manchen Katalogen ist *L. adamii* mit rosa, gelben und purpurnen Blüten an einem einzigen Baum aufgeführt. Dabei handelt es sich um eine gepfropfte Hybride zwischen *Laburnum anagyroides* und *Cytisus purpureus,* die korrekt als *x Laburnocytisus adamii* angegeben werden sollte.

Laurus St, I
Lorbeer
Ein winterharter Strauch für sonnige Standorte im Garten oder als Kübelpflanze (manchmal als kleiner Hochstammbaum erzogen). Gedeiht in jedem Boden gut. Höhe und Breite kann bei der ausgewachsenen Pflanze bis zu 6 m betragen. Die Blätter sind lanzettförmig und glänzend grün. Sie sind ein beliebtes Gewürz für viele Speisen. Im späten Frühjahr bilden sich unscheinbare grüne Blüten, und die weiblichen Pflanzen produzieren

schwarze Beeren. Meistens wird *Laurus nobilis* (**59**) gepflanzt. Vermehrung erfolgt im Spätsommer durch 10 cm lange Stecklinge im Frühbeet. Im Sommer schneidet man den Lorbeer ein- bis zweimal in Form, falls es nötig ist.

Lavandula St, I
Lavendel
Dies sind populäre, aromatische Pflanzen, die als Einzelsträucher oder als niedrige Hecken im Abstand von 45 cm gepflanzt werden. Am besten gedeihen sie in gut drainierten Böden an sonnigen Standorten. Die Stengel und die schmalen Blätter sind grau. Den Sommer über weisen die Stengel röhrenförmige purpurne, blaue, violette oder weiße Blüten auf. Die getrockneten Blütenstände eignen sich für Trockenblumengestecke, Duftkissen oder Kräuterbeutel. Angepflanzt werden *Lavandula spica* (**60**), *L. vera* und ihre Varietäten. Die Höhe und Breite variiert zwischen 60 cm und 1,2 m. Vermehrung erfolgt im Spätsommer durch 7,5–10 cm lange Stecklinge im Frühbeet. Nach der Blüte oder im Frühjahr wird Lavendel zurückgeschnitten.

Ligustrum St, I, Hi
Liguster
Besonders geeignet für Hecken (Pflanzabstand 30–45 cm), aber auch als Einzelstrauch. Gedeiht in jedem Boden und an allen Standorten. Er hat einen dichten Wuchs und eiförmige, dunkelgrüne Blätter, bei manchen Sorten golden gefärbt oder gemustert. Im Sommer und Frühherbst trägt er aufrechte weiße Blütenrispen. Er wird bis zu 5 m hoch und 2 m breit. Die

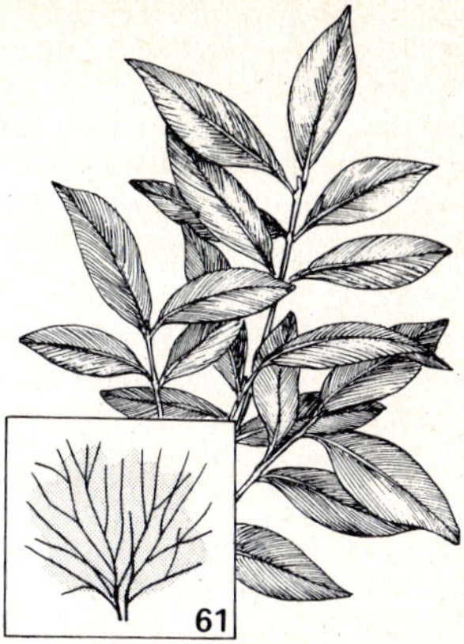
61

verbreitetsten Arten sind *Ligustrum japonicum* (I), *L. lucidum* (I) und *L. ovalifolium* (**61**, Hi) und ihre Varietäten. Vermehrung im Herbst durch 10–15 cm lange Stecklinge im Frühbeet. Im Frühsommer und Frühherbst werden die Hecken getrimmt und die Einzelsträucher in Form geschnitten.

Lonicera St, Kl, I, So, Hi
Geißblatt, Heckenkirsche
Diese Gewächse sind vielseitig verwendbar: die Sträucher in Beeten oder als Hecken (z. B. *Lonicera nitida*, Pflanzabstand ca. 30 cm), die Kletterpflanzen zum Beranken von Wänden, Zäunen und Stützgerüsten. Alle gedeihen in gewöhnlicher Gartenerde, die kletternden Arten am besten in humusreichem Boden. Die Sträucher lieben volle Sonne, während die Ranker leichten Schatten bevorzugen. Die meist eiförmigen Blätter kommen in verschiedenen Grünschattierungen oder gelegentlich auch gelb vor. Die Blüten, die je nach Art und Form zu verschiedenen Jahreszeiten erscheinen, sind röhrenförmig und stehen oft

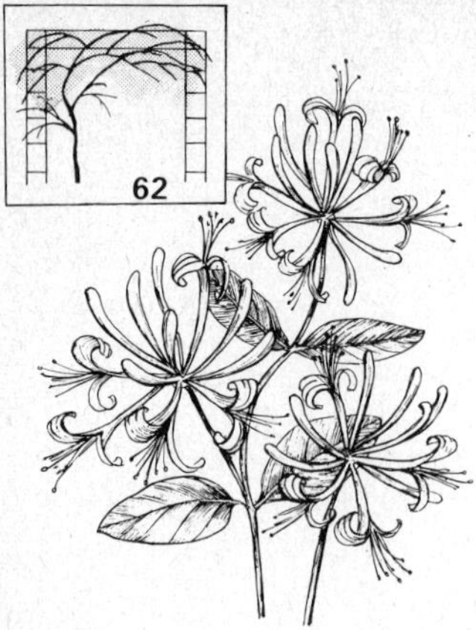

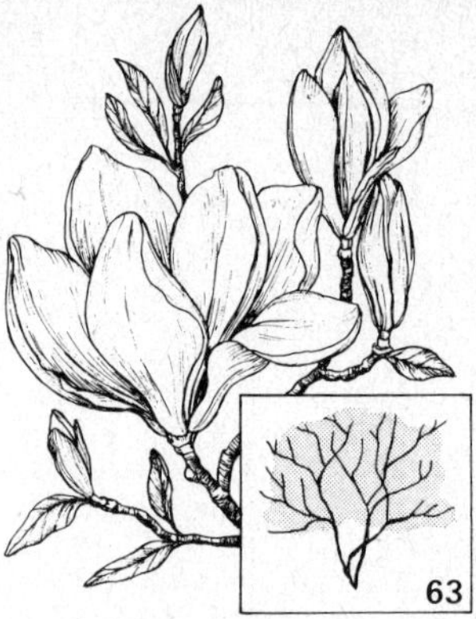

paarweise oder in Gruppen zusammen. Sie sind gelb, rot, orange oder weiß und duften bei manchen Arten intensiv. Als Sträucher eignen sich *Lonicera fragrantissima* (Hi), mit Winterblüte und *L. nitida* (I), sowie *L. pileata* (I), die beide im späten Frühjahr blühen und anschließend Beeren tragen. Die Höhe und Breite variiert zwischen 60 cm und 1,5 m. Die bekanntesten sommerblühenden kletternden Arten und Hybriden sind *L. x americana* (Syn. *L. grata*) (So), *L. japonica* (Hi), *L. periclymenum* (**62,** So) und *L. x tellmanniana* (So) und ihre Varietäten. Sie können bis zu 10 m hoch ranken und breiten sich weit aus. Vermehrung erfolgt im Herbst mit 20–30 cm langem Holzsteckling im Freien, durch Absenker im Herbst oder durch Aussaat im Frühbeet. Hecken und Sträucher werden im Sommer zwei- bis dreimal pro Jahr geschnitten, damit sie in Form bleiben und neue Triebe bilden. Bei den Kletterpflanzen im Herbst altes Holz falls nötig entfernen.

Magnolia B, St, I, So
Magnolie/Tulpenbaum
Herrliche Bäume und Sträucher, die im späten Frühjahr eindrucksvolle große Blüten tragen, manchmal gefolgt von zapfenähnlichen Früchten. Alle Arten brauchen einen sonnigen, geschützten Standort in gut drainiertem, kalkfreiem Boden. Da sie nur flach wurzeln, sollten keine Pflanzen unter ihnen stehen, dagegen bewährt sich ein jährliches Mulchen. Die Blätter sind glänzend- oder mattgrün, eiförmig oder lanzettförmig und häufig auf der Unterseite flaumig. Die tulpenähnlichen Blüten duften meistens stark, sie sind rosa, weiß oder zweifarbig. Außer der immergrünen *Magnolia grandiflora* werfen die anderen verbreiteten Arten im Herbst das Laub ab. Hierzu gehören *M. denudata* (Syn. *M. conspicua*), *M. kobus, M. liliiflora, M. x loebneri, M. sieboldii* (Syn. *M. parviflora*), *M. x soulangiana* (**63**) und *M. stellata* und ihre Varietäten. Die Höhe und Breite ist je nach Wachstumsbedingungen unterschied-

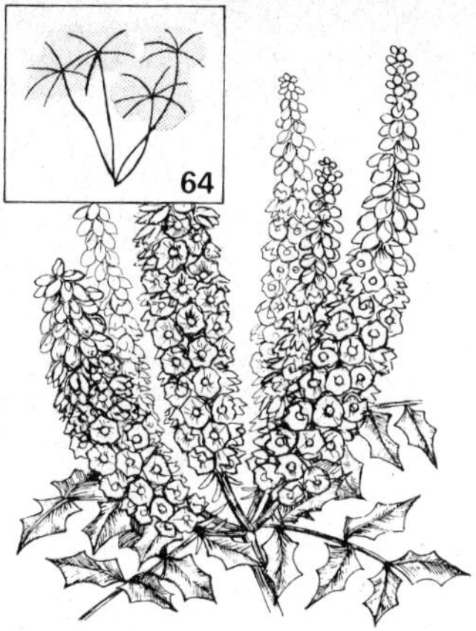

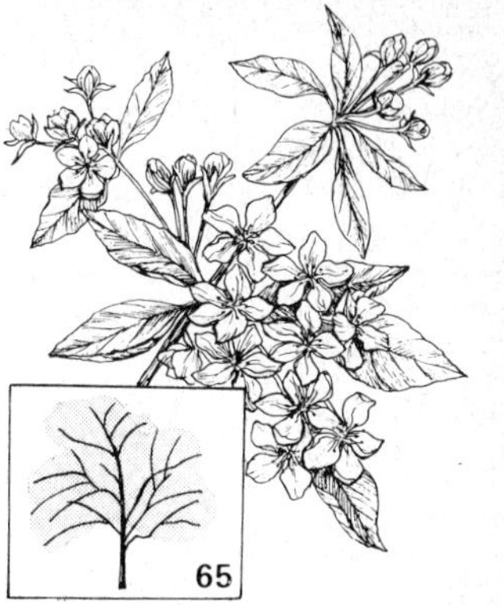

lich, kann jedoch bis zu 4 m betragen. Die Vermehrung erfolgt durch Aussaat im Frühbeet, durch Absenker im Frühjahr, oder im Sommer durch 10 cm lange Stecklinge im Warmbeet. Ein Schnitt ist nur bei Pflanzen erforderlich, die an einer Wand erzogen werden. Dieser Formschnitt wird im Frühjahr durchgeführt.

Mahonia St, I
Mahonie
Herrliche immergrüne Sträucher, die sich bestens zur Einzelstellung oder als Bodendecker eignen. Sie gedeihen in Schattenlagen in jedem gut drainierten Boden. Die Blätter sind meist dunkelgrün, gegenständig und stachelig und verfärben sich manchmal im Herbst. Die gelben Blüten erscheinen schon gegen Winterende in dichten Trauben; viele duften, manche Arten tragen im Herbst Beeren. Gut geeignet sind *Mahonia aquifolium, M. x »Charity«, M. japonica* (Syn. *M. bealei*), *M. lomariifolia* (**64**) und *M. pinnata.* Sie werden ca. 1–3 m hoch und 2 m breit. Die Vermehrung erfolgt im Spätsommer durch Samen im Frühbeet oder Mitte des Sommers durch 7,5–10 cm lange Stecklinge im Warmbeet. Außer bei den Bodendeckern, die gegen Ende des Frühjahrs auf die gewünschte Form zurückgeschnitten werden, ist ein Schnitt nicht nötig.

Malus B, So
Zierapfel, Kirschapfel
Hübsche blühende und fruchttragende Bäume, zu denen auch die Vorfahren unserer heutigen Apfelbäume gehören. Sie werden zwar hauptsächlich als Ziergehölze gepflanzt, doch kann man ihre grünen, gelben oder roten Früchte auch kochen und einmachen. Die Blätter sind meist eiförmig, mittelgrün oder bronzefarben. Im Frühjahr blühen die Bäume leicht duftend rosa, rot, weiß oder zweifarbig. Sie können zwischen 4–7 m hoch und breit werden. Alle gedeihen in jedem Boden mit Humuszugabe und bevorzugen sonnige oder leicht schattige Standorte. Um garantiert Früchte zu

bekommen, muß man mehr als einen Baum pflanzen, damit sie sich gegenseitig befruchten. Es werden zwar nach wie vor Arten wie *Malus floribunda, M. hupehensis* (Syn. *M. theifera*) und *M. sargentii* gepflanzt, aber die Hybriden und ihre Varietäten werden immer beliebter, wie zum Beispiel *M. ›Dartmouth‹, M. ›Echtermeyer‹, M. x eleyi, M. ›Golden Hornet‹, M. ›John Downie‹* (**65**), *M. ›Katherine‹, M. x lemoinei* und *M. ›Profusion‹*. Die Vermehrung erfolgt durch Veredeln, was nicht einfach ist, so daß man besser Pflanzen kauft. Sobald sie einmal die gewünschte Form haben, werden nur noch totes Holz und dünne Triebe entfernt, und zwar am besten gegen Ende des Winters.

Olearia St, I

Olearie

Gedeiht in jedem durchlässigen Boden an sonnigen Standorten und ist besonders für Küstengebiete und geschützte Lagen im Binnenland geeignet. Die Blätter sind eiförmig, lanzettförmig, manchmal stechpalmenähnlich und können grün, grau oder weiß mit geflammter Unterseite sein. Im Sommer erscheinen lockere Blütenstände mit an Margariten erinnernde weiße Blüten. Die Büsche können 1–3 m hoch und breit werden. Populär sind *Olearia haastii, O. Macrodonta* (**66**) und *O. x scilloniensis*. Die Vermehrung erfolgt im Sommer durch 10 cm lange Stecklinge von Seitentrieben im Frühbeet. Im späten Frühjahr werden tote Triebe entfernt.

Osmanthus St, I

Langsam wachsende Einzelsträucher, die gut drainierten Boden und einen

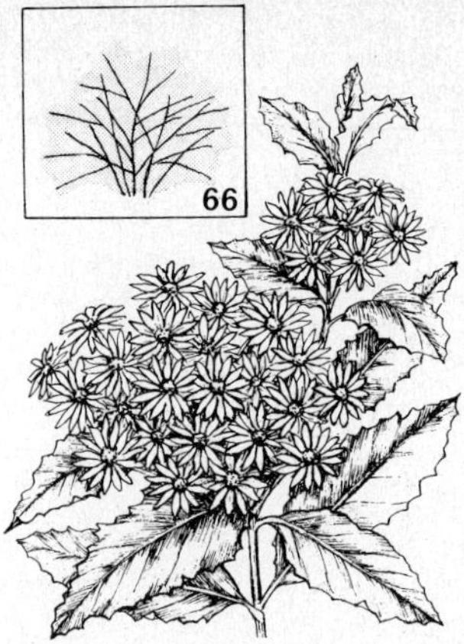

66

sonnigen Standort oder Halbschatten bevorzugen. Die Blätter sind meistens eiförmig und stachelig, manchmal stechpalmenähnlich. Die weißen, röhrenförmigen, duftenden Blüten stehen in Büscheln zusammen und erscheinen an *Osmanthus delavayi* (**67**) spät im Frühling, an *O. heterophyllus* (Syn. *O. aquifolius* und *O. ilicifolius*) im Frühherbst. Diese beiden Arten sind die einzigen, die man gewöhnlich sieht. Sie werden etwa 2–3 m hoch und breit. Die Vermehrung erfolgt Mitte des Sommers durch 10 cm lange Stecklinge unter Glas oder durch Absenker im Herbst. Ein Schnitt ist nicht nötig, es sei denn, *O. heterophyllus* wird als Hecke mit einem Pflanzabstand von 45 cm gehalten. Sie wird im späten Frühjahr getrimmt.

Paeonia St, So

Strauchpfingstrose

Die meisten Pfingstrosen sind krautige, ausdauernde Pflanzen, doch es gibt auch Strauchformen, die sich gut zur Einzelstellung in Beeten eignen. Die

Blätter setzen sich aus mehreren unregelmäßig geformten Teilen zusammen. Die im späten Frühjahr erscheinenden großen, schüsselförmigen Blüten sind gelb, rot oder weiß, einfach oder gefüllt. Die beiden bekanntesten Arten und ihre Varietäten sind *Paeonia suffruticosa* (Syn. *P. moutan*) und *P. lutea* (**68**). Sie brauchen einen nährstoffreichen, tief gelockerten Boden und Schutz durch andere Sträucher vor der Morgensonne, durch die bereifte Blüten geschädigt würden. Höhe und Breite liegen zwischen 1 m und 2 m. Vermehrung erfolgt durch Absenker im Frühjahr, vorsichtiges Umpflanzen bewurzelter Seitentriebe im Herbst oder durch 15–20 cm lange Stecklinge, die im Herbst ins Frühbeet gesetzt werden. Totes Holz wird im Frühjahr herausgeschnitten.

Parthenocissus (Syn. Ampelopsis) Kl, So
Wilder Wein
Er wird hauptsächlich des schönen Weinlaubs aber auch seiner Kletterfähigkeit wegen, die er klebrigen Stellen an seinen Ranken verdankt, angebaut. Die grünen Blätter sind drei- oder fünfzählig, manchmal mit rosa oder silbern gefärbten Blattadern, und färben sich im Herbst leuchtend rot. Die Blüte im Frühjahr ist nur unscheinbar. Die Pflanze braucht einen nährstoffreichen, feuchten, gut drainierten Boden mit viel Humus. Junge Pflanzen sollten anfangs eine Stütze erhalten. Drei lohnende Arten sind *Parthenocissus henryana* (Syn. *Vitis henryana*), *P. quinquefolia* (**69**), (Syn. *Vitis hederacea*) und *P. tricuspidata* (Syn. *Ampelopsis veitchii* und *Vitis inconstans*). Die Pflanzen ranken etwa 4 m in die Höhe und Breite. Die Vermehrung erfolgt im Spätsommer durch 10–12,5 cm lange Knotenstecklinge oder durch Absenken langer Triebe im Herbst. Unerwünschte Triebe schneidet man im Sommer heraus.

Pernettya St, I
Torfmyrte
Diese Sträucher werden hauptsächlich wegen ihrer farbigen Früchte gepflanzt, die den ganzen Winter überdauern. Sie gedeihen am besten in kalkfreien, torfhaltigen Böden mit viel Humus und bringen an Sonnenplätzen die meisten Früchte hervor. Bei einer Breite und Höhe von 60–90 cm sind sie ausgezeichnete Bodendecker. Kleine, dunkelgrüne Blätter stehen dicht an dicht an den oft roten Zweigen. Im Frühsommer trägt der Busch heidekrautähnliche, glockenförmige Blüten. Die Früchte stehen in Dolden und können weiß, rot, purpurn, malvenfarben oder rosa sein. Damit die Befruchtung gewährleistet ist, sollten stets weibliche und männliche Pflanzen dicht beieinander stehen. Gewöhnlich wird nur eine einzige Art gepflanzt, *Pernettya mucronata* (**70**), von der es aber viele verschiedene Sorten gibt. Die Vermehrung erfolgt im Herbst durch 5 cm lange Stecklinge oder durch Samen im Frühbeet. Im späten Winter bekommen die Sträucher einen Formschnitt; altes Holz wird entfernt.

Philadelphus St, So
Falscher Jasmin, Pfeifenstrauch
Er wird wegen seiner üppigen, frühsommerlichen Blütenpracht und der attraktiven, eiförmigen Blätter mit deutlich sichtbaren Blattadern kulti-

viert. Die Blüten sind gewöhnlich weiß, einfach oder gefüllt, und stehen in lockeren Blütenständen. Sie duften stark nach Orangenblüten. Am besten gedeihen sie in einem gut entwässerten Boden in Sonne oder Halbschatten. Die durchschnittliche Höhe und Breite beträgt 2 m auf 1,5 m, nur *Philadelphus microphyllus* ist etwa 80 × 80 cm groß. Am häufigsten sieht man Hybriden wie *P. ›Beauclerk‹*, *P. ›Belle Etoile‹*, *P. ›Sybille‹* und *P. ›Virginal‹* (**71**). Die Vermehrung erfolgt im Spätsommer durch Stecklinge im Frühbeet. Nach der Blüte wird das alte Holz entfernt.

Picea N, B, I
Fichte
Meist große, pyramidenförmige Bäume, viele mit hängenden Ästen, die bis zu 18 m hoch werden. Es gibt aber auch langsam wachsende Zwergformen, die höchstens 3,5 m hoch und 1,5 m oder noch weniger breit werden. Die Nadeln sind grün, blau oder grau, die Rinde ist rauh und meistens werden einmal im Jahr hängende, braune Zapfen gebildet. Fichten eignen sich als Abschirmung, als Solitärbäume oder für den Steingarten. Zu den am häufigsten zu findenden Arten gehören *Picea abies* (Syn. *P. excelsa*), der Weihnachtsbaum, *P. glauca* (**72**), *P. mariana, P. omorika, P. pungens* und *P. sitchensis* und ihre Zwergformen. Sie alle gedeihen gut in tiefen, feuchten Böden, mögen jedoch keinen Kalk und bevorzugen sonnige oder halbschattige Plätze. Die Vermehrung erfolgt im Frühjahr durch Aussaat im Frühbeet. Da sie jedoch recht schwierig ist, sollte man lieber Jungpflanzen kaufen. Schneiden ist nicht erforderlich, es sei denn, man schneidet sich gabelnde Äste heraus, um gerade Hauptäste zu erhalten.

Pieris (Syn. Andromeda) St, I
Lavendelheide
Ausgezeichnete Einzelsträucher, die in jedem kalkfreien, feuchten Boden und in leichter Schattenlage gut gedeihen. Sie sollten jedes Jahr gemulcht werden. Die immergrünen, eiförmigen oder lanzettförmigen Blätter glänzen, sind im Frühjahr grün oder rot, und die Rispen mit den urnenförmigen weißen Blüten bilden sich das ganze Frühjahr über. Am häufigsten begegnet man *Pieris floribunda, P. forrestii* (**73**) und *P. japonica* und den Varietäten der beiden letzteren. Sie variieren in der Höhe von 1–2 m, in der Breite von 60–150 cm. Die Vermehrung erfolgt im Sommer durch 10 cm lange Stecklinge im Frühbeet oder durch Wintersaat ins Frühbeet. Abgestorbene Blütenrispen werden entfernt. Im Frühsommer beschneide man zu dünne Triebe.

Pinus N, B, I
Kiefer
Die meisten Kiefern sind, da sie über 20 m hoch werden können, für einen gewöhnlichen Garten viel zu groß. Aber es gibt einige kleinere Arten, die als Solitärbäume geeignet sind oder im Stein- oder Heidegarten einen Platz finden können. Die in Büscheln stehenden Nadeln sind grün, blaugrün oder graugrün. Die runden oder konischen Zapfen sind meist braun und schuppig. Sie bevorzugen einen gut entwässerten, nahrhaften Boden, möglichst ohne Kalk, und lieben sonnige Standorte. Für den Garten eignen

67

68

69

70

71

72

73

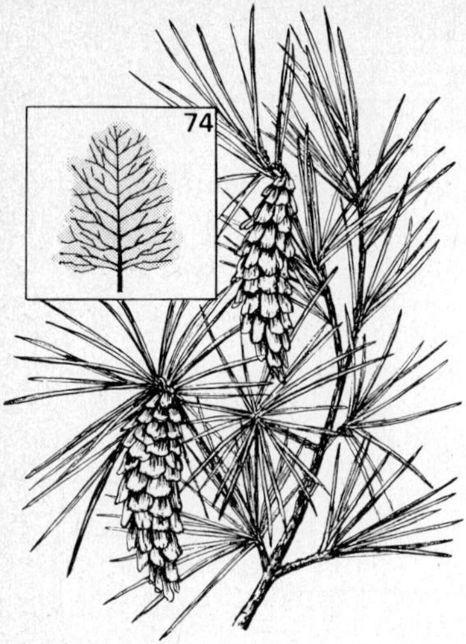

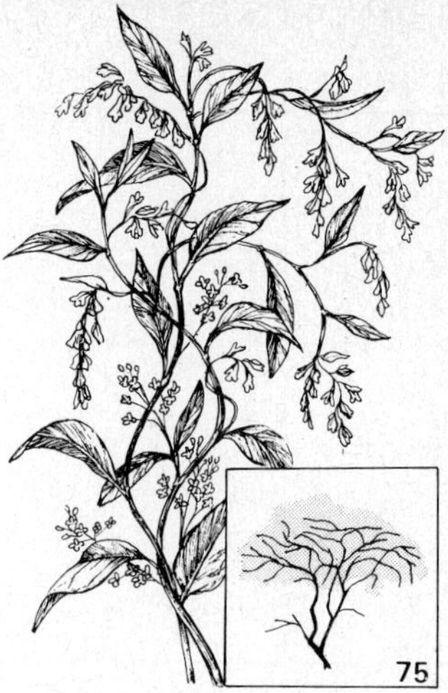

sich *Pinus aristata, P. mugo, P. nigra, P. sylvestris* und *P. wallichiana* (**74**), (Syn. *P. excelsa* und *P. griffithii*) und ihre Zwergformen. Die größeren Arten können 10 m hoch und 5 m breit werden, während die Zwergformen etwa 3 m Höhe und 2 m Breite erreichen. Die Vermehrung durch Aussaat ins Frühbeet im Frühjahr ist schwierig; man sollte deswegen lieber Jungpflanzen kaufen. Sie werden so geschnitten, daß nur ein Hauptstamm bleibt.

Polygonum Kl, So
Knöterich
Obwohl die meisten Knöteriche winterharte, einjährige oder ausdauernde Pflanzen sind, die im Winter bis auf die Wurzeln zurückfrieren, ist *Polygonum baldschuanicum* (**75**) ein schnellwüchsiger Kletterer, der gut zum Verbergen häßlicher Wände usw. geeignet ist. An einer Wand braucht er Spaliere oder Drähte als Kletterhilfe. Er gedeiht in jedem Boden, an jedem Standort und wächst 4–5 m pro Jahr, mit einer Endhöhe von 12 m und mehr. Die Blätter sind eiförmig und blaßgrün. Im Sommer und Frühherbst trägt er lockere Blütenstände mit weißen, rosagefleckten Blüten. Die Vermehrung erfolgt im Spätherbst durch 10 cm lange Stecklinge im Freien. Im Frühjahr wird er kräftig zurückgeschnitten, damit er Form und Höhe behält und keine dünnen Triebe ausbildet.

Potentilla St, So
Fünffingerstrauch
Wenn es auch viele einjährige oder ausdauernde Potentillas gibt, so sind doch die kleinen buschigen Arten wegen ihrer langen Blütezeit vom Frühsommer bis spät in den Herbst hinein besonders populär. Die reichverzweigten Äste tragen kleine grüne

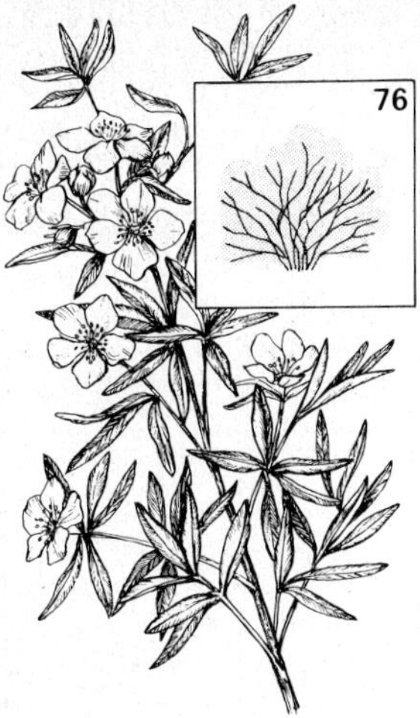

oder silbergraue, tief eingeschnittene Blätter, die wie eine Hand mit fünf Fingern aussehen. Die weißen, gelben oder roten Blüten ähneln winzigen Rosenblüten. Alle mögen einen gut drainierten Boden und möglichst volle Sonne. Die Höhe und Breite variiert von 30 cm bis 1,5 m. Am häufigsten werden die vielen Sorten von *Potentilla fruticosa* (**76**) angepflanzt. Die Vermehrung erfolgt im Spätherbst durch 7,5 cm lange Stecklinge im Frühbeet. Abgestorbene Blütenköpfe werden entfernt, und im Frühling schneidet man altes Holz in Bodenhöhe ab, damit der Strauch buschig bleibt.

Prunus B, St, So, I

Mandelbäumchen (So), Aprikosen (So), Kirschen (So), Pfirsiche (So), Pflaumen (So), Lorbeerkirsche (I)

Eine sehr große Gattung, zu der einige der bekanntesten frühblühenden Bäume und Sträucher gehören, aber auch immergrüne Arten, die das ganze Jahr über für Farbe sorgen. Sie bevorzugen alle einen gut drainierten, möglichst etwas kalkhaltigen Boden und einen sonnigen Standort. Die immergrünen Arten gedeihen allerdings auch in leichten Schattenlagen und können als Abgrenzungen oder Hecken Verwendung finden (Pflanzabstand 60 cm). Die Blätter sind lanzett- oder eiförmig und grün oder rot; manche Arten zeigen sehr schöne Herbstfarben. Die Blüten sind schüsselförmig, einfach oder gefüllt. Sie stehen in Büscheln oder Trauben, können rot, rosa, weiß oder zweifarbig sein, und manche duften stark. Einige Arten tragen hübsche Herbstfrüchte. Als Bäume erzogen, werden sie etwa 7 m hoch und 5 m breit; als Büsche erreichen sie eine Höhe von etwa 4 m und eine Breite von 2,5 m. Am häufigsten findet man in den Gärten die Mandelbäumchen *Prunus x amygdalo-persica ›Pollar-*

dii‹ und *P. amygdalus* (Syn. *P. communis* und *P. dulcis*) und ihre Varietäten, und die Aprikosensorten *P. mume* und *P. triloba* (**77**). Bei den Kirschen gibt es eine große Auswahl, zu der auch *P. avium, P. padus, P. serrula, P. serrulata* und *P. subhirtella* gehören, von denen einige im Winter blühen. Viele der bekanntesten Kirschen sind Hybriden oder Varietäten, die häufig japanische Namen haben wie ›Ama no Gawa‹, ›Kanzan‹ und ›Shirofugen‹. Bei den Pfirsichen sind *P. davidiana* und *P. persica* und ihre Varietäten am besten geeignet. Zu den geeignetsten Pflaumen gehören die Arten, Hybriden und Varietäten von *P. x blireiana, P. cerasifera* und *P. spinosa* (Schlehe). Immergrüne Arten sind *P. laurocerasus* und *P. lusitanica* und ihre Varietäten. Die Vermehrung der meisten Prunus-Arten ist schwierig, so daß sich der Kauf von Jungpflanzen empfiehlt. Ein Schnitt ist meistens nicht nötig. Ein mäßiger Formschnitt kann im Spätsommer ausgeführt werden, dabei wird auch gleich alles tote Holz herausgenommen. Als Hecken gepflanzte, immergrüne Arten brauchen natürlich einen Formschnitt. Immergrüne Einzelsträucher schneidet man im späten Frühjahr zurück.

Pyracantha St, I
Feuerdorn
Er kann als Einzelstrauch gesetzt oder an Wänden, Gerüsten oder Drähten erzogen werden, eignet sich aber bei einem Pflanzabstand von 60 cm auch als Heckenpflanze. Wegen der grünen, manchmal grauen länglichen Blätter, seinen weißdornähnlichen weißen Blütenständen und den langlebigen roten oder gelben Beeren im Herbst und Winter ist er sehr beliebt. Er gedeiht in jedem gut drainierten Boden in Sonnen- und Halbschattenlagen. Zu den populärsten Arten, Hybriden und Formen gehören *Pyracantha angustifolia, P. atalantioides* (Syn. *P. gibbsii*), *P. coccinea* (**78**), *P. crenulata* (Syn. *P. c. ›Rogersiana‹*) und *P. x ›Watereri‹*. Alle haben stachelige Äste und werden ca. 3 m hoch und breit. Die Vermehrung erfolgt im Sommer durch 10 cm lange Stecklinge im Warmen oder durch Herbstsaat im Frühbeet. Einzelsträucher brauchen keinen Schnitt, aber bei den an einer Wand erzogenen Pflanzen entfernt man im Sommer unerwünschte Triebe und zur gleichen Zeit trimmt man auch Hecken.

Pyrus B, So
Birne
Die grünen oder silbergrauen, eiförmigen oder lanzettförmigen Blätter, die sich im Herbst oft bunt färben, und die Büschel weißer Blüten im Frühjahr machen die Birne zu einem attraktiven Solitärbaum. Birnenbäume werden etwa 6 m hoch und breit und brauchen einen nahrhaften, gut entwässerten Boden und einen sonnigen Standort. Gewöhnlich werden *Pyrus calleryana* und *P. salicifolia* (**79**) gepflanzt. Die Vermehrung ist so schwierig, daß man die Pflanzen am besten kauft. Ein Schnitt ist meistens nicht erforderlich; tote oder unerwünschte Äste müssen jedoch entfernt werden.

Rhododendron B, St, I, So, Hi
einschließlich Azalea
Alpenrose
Von der ersten Frühlingssonne bis in

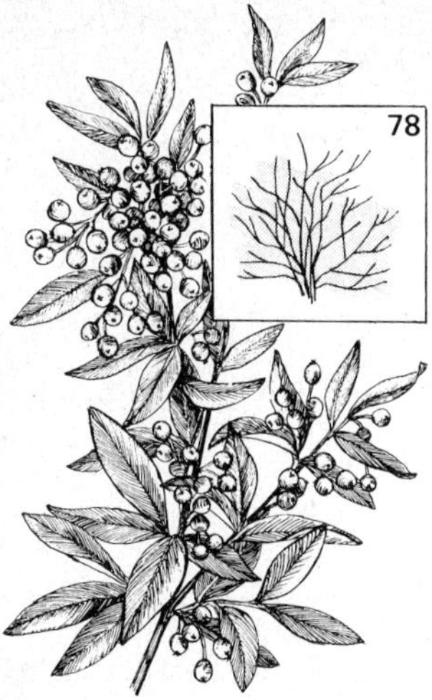

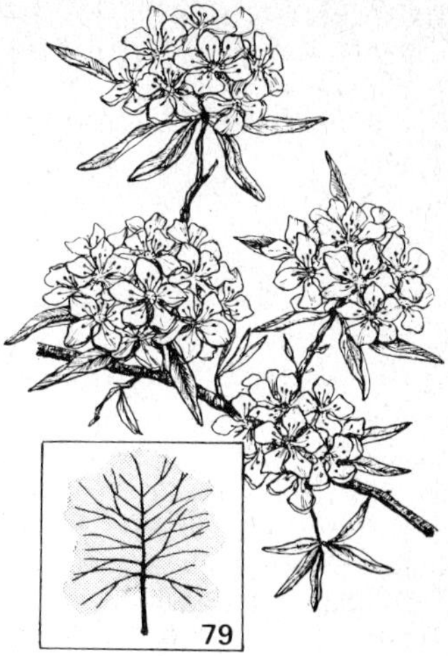

den Frühsommer hinein sorgen diese beliebten Pflanzen für eine wahre Blütenpracht im Garten, und in milden Gegenden blühen manche Arten und Sorten sogar schon im Winter. Es gibt ganz unterschiedliche Formen, von großen, rankenden Exemplaren, die bis zu 12 m hoch und 9 m breit werden, bis zu 30 cm hohen und breiten Miniaturpflanzen – die meisten sind 1–3 m hoch und breit. Es gibt also Züchtungen, die als Bäume, als Sträucher, für die Anlage von Wäldchen geeignet sind, neben anderen, die ihren Platz in großen Beeten, Stein- und Heidegärten, gemischten Beeten, Kübeln, als lockere Abgrenzung oder als Heckenpflanze (*Rhododendron ponticum,* Pflanzabstand 90 cm) finden. Alle haben große oder kleine lanzettförmige Blätter, meist grün, manchmal jedoch auch rötlich, silbrig oder mit einer flaumigen, braunen Unterseite. Die sommergrünen Formen färben sich im Herbst oft bunt. Meistens stehen die Blüten in Büscheln, gelegentlich auch einzeln; sie sind in der Regel trichterförmig und weisen alle Farbschattierungen außer reinem Blau auf. Es gibt auch gefleckte oder zweifarbige. Alle Rhododendren brauchen einen kalkfreien, gut drainierten, feuchten Boden und sollten jedes Jahr mit Torf oder Rindenschnitzeln gemulcht werden. Sie bevorzugen leicht schattige, windgeschützte Standorte, an denen die Morgensonne bereifte Blüten nicht beschädigen kann. Die meisten Arten sind winterhart, es gibt aber auch zarte Sorten, die im Schutze anderer Pflanzen stehen oder im Winter geschützt werden sollten. Die ganz empfindlichen Sorten werden im Gewächshaus untergebracht. Falls der Boden nicht sauer genug ist, kann man für ein spezielles Rhododendren-Beet geeignete Erde heranschaffen und die Anpflan-

zung regelmäßig mit speziellem Rhododendrendünger versorgen.
Rhododendron ist eine sehr komplexe, große botanische Gattung und wird gewöhnlich grob in fünf Gruppen unterteilt: Rhododendron- und Azaleenarten, Rhododendron-Hybriden, Azaleodendren (halbimmergrüne Hybriden aus laubabwerfenden Azaleen und immergrünen Rhododendren), laubabwerfende Azaleenhybriden und immergrüne Azaleenhybriden.
Es gibt zahlreiche schöne Rhododendron- und Azaleenarten, zu denen auch *R. augustinii, R. concatenans, R. discolor, R. luteum* (**80**), *R. obiculare, R. pemakoense, R. racemosum, R. russatum, R. schlippenbachii, R. thomsonii* und *R. yakushimanum* gehören. Zu den beliebtesten Rhododendronhybriden zählen ›Azor‹, ›Betty Wormald‹, ›Britannia‹, ›Fastuosum Flore Pleno‹, ›Goldsworth Orange‹, ›Loderi‹, ›May Day‹, ›Nimbus‹, ›Pink Pearl‹ (**81**), ›Purple Splendour‹, ›Susan‹, ›Unique‹ und ›White Swan‹. Gute Azaleodendren sind zum Beispiel ›Fragrans‹ und ›Glory of Littleworth‹. Bei den laubabwerfenden Azaleenhybriden findet man viele Formen von Ghent, *R. mollis, R. occidentale,* Exbury und Knap Hill. Die immergrünen (oder japanischen) Azaleen sind Züchtungen aus *R. x malvatica, R. kaempferi, R. indicum, R. amoenum* und den Kurume-Sorten. In den meisten Sorten sind die Hybriden heute den Arten überlegen, und da jährlich neue Hybriden entwickelt werden, sollte man sich anhand eines guten Katalogs oder in einem Gartencenter informieren, bevor man die endgültige Auswahl trifft. Die Vermehrung erfolgt durch Ableger zu jeder Jahreszeit, aber auch durch Stecklinge oder Samen, doch am besten kauft man die Pflanzen. Nach der Blüte schneidet man sie in Form, falls es nötig ist. Die abgestorbenen Blütenstände müssen auf jeden Fall entfernt werden.

Rhus B, St, So
Sumach / Essigbaum
Er wird manchmal mit Cotinus (s. S. 83) verwechselt. Es gibt zwei anspruchslose Arten, *Rhus glabra* und *R. typhina* (**82**), die meistens wegen ihrer herrlichen Herbstfärbung gepflanzt werden. Die langen, grünen Blätter sind gefiedert oder bei den *R. ›Laciniata‹*-Formen farnähnlich. Die langen Rispen kleiner, weiblicher Blüten sind dunkelrosa. Beide Arten werden ca. 3 m hoch und breit, wobei *R. typhina* die größere Art ist. Sie gedeihen in jedem durchlässigen Boden und färben sich an Sonnenplätzen besonders schön. Die Vermehrung erfolgt im Sommer durch 10–12,5 cm lange Stecklinge im Frühbeet, durch Umpflanzen verwurzelter Wildtriebe im Herbst oder durch Absenken von Zweigen im Frühjahr. Ein Schnitt ist nicht unbedingt nötig, doch das Zurückschneiden im Winter verbessert das Laub.

Ribes St, So, I, Hi
Johannisbeere / Stachelbeere
Es sind frühjahrsblühende Sträucher, die meist als Einzelstrauch oder als Hecken (*Ribes alpinum,* Pflanzabstand 30–40 cm) gepflanzt werden. Die Blätter sind eiförmig und oft tief gelappt und färben sich bei manchen Arten im Herbst bunt. Die fuchsienartigen Blüten stehen in aufrechten oder hängenden Trauben oder Büscheln

und sind gelb, rosa oder rot. Wenn männliche und weibliche Pflanzen gesetzt werden, tragen die Büsche im Herbst rote, schwarze oder blauschwarze Beeren. Alle gedeihen gut in einem nicht zu feuchten Boden an sonnigen oder leicht schattigen Standorten. Geeignete Arten sind *R. alpinum* (So), *R. aureum* (Syn. *R. odoratum* (So)), *R. laurifolium* (I), *R. sanguineum* (**83**, So) und seine Varietäten, und *R. speciosum* (Hi). Höhe und Breite beträgt ca. 1,5–2 m. Die Vermehrung erfolgt im Spätherbst durch 30 cm lange Stecklinge im Freien. Nach der Blüte wird altes Holz entfernt.

Robinia B, St, So
Scheinakazie
Sie gedeiht in jedem Boden und eignet sich besonders als Solitärpflanze für sonnige Standorte, wirkt aber auch gut zusammen mit anderen Bäumen und Sträuchern. Die grünen oder gelben Blätter sind unpaarig gefiedert, die erbsenähnlichen rosa oder weißen Blüten erscheinen im Frühsommer in hängenden Trauben. Am häufigsten sieht man *Robinia hispida, R. kelseyi, R. pseudoacacia* (**84**) und *R. p. ›Frisia‹*. Die Vermehrung erfolgt im Frühling durch Aussaat im Frühbeet, durch Umpflanzen von Seitentrieben im Winter oder durch Pfropfen von ›Frisia‹. Schneiden ist selten erforderlich.

Rosa St, Kl, So, Hi
Rose
Rosen gehören zu den beliebtesten Sträuchern und Kletterpflanzen. Sie befriedigen immer, ob in einem speziellen Rosenbeet, in gemischten Beeten, als Hecken oder Rabatten, als Hochstammgewächs oder Ranker an Hauswänden, Spalieren und Drähten, im Steingarten oder im Pflanzkübel. Alle haben unpaarig gefiederte, meist fünfteilige, gezähnte Blätter, die manchmal halbimmergrün sind und sich im Herbst färben. Den ganzen Sommer über bis zum Spätherbst blühen sie in fast jeder Farbvariation und Mischung, außer in reinem Blau. Es gibt einfache und gefüllte Blüten, sie stehen einzeln oder in Büscheln, und manche duften wunderbar. Einige Arten (z. B. *Rosa moyesii* (**85a**), *R. rubrifolia* und *R. rugosa*) tragen im Herbst und Winter leuchtend gefärbte Früchte (Hagebutten). Die Stengel sind im allgemeinen dornig oder stachelig. Alle Rosen brauchen einen nahrhaften, feuchten, aber gut drainierten Boden und einen sonnigen, windgeschützten Standort.
Die Gattung Rosa ist sehr artenreich und wird deshalb in mehrere Gruppen unterteilt. Am häufigsten werden heute Buschrosen gepflanzt. Das sind entweder Teehybridrosen (Edelrosen) (T. h. r. **85b**) oder Floribundarosen (Fl. **85c**). Jedes Jahr werden viele neue Sorten entwickelt, doch zu den bekanntesten Edelrosen gehören ›American Home‹, ›Ballet‹, ›Buccaneer‹, ›Carina‹, Crimson Glory‹, ›Duftwolke‹, ›Erotica‹, ›Gloria Dei‹, ›Mainzer Fastnacht‹, ›Norita‹, ›Pascali‹, ›Sutters Gold‹ und ›Whisky‹. Einige bekannte Floribundarosen (Polyantha-, Beetrosen) sind ›Allgold‹, ›Charleston‹, ›Frisia‹, ›Goldschatz‹, ›Lilli Marleen‹, ›Marlena‹, ›Meteor‹, ›Prominent‹, ›Rosenfee‹, ›Rumba‹, ›Sarabande‹, ›Satchmo‹ und ›The Queen Elizabeth‹. Sie werden etwa 1–1,5 m hoch und breit. Die modernen Zwerg-

81

80

82

83

84

rosen, die 15–45 cm hoch werden, umfassen Sorten wie ›Alberich‹, ›Baby Masquerade‹, ›Baldvin‹, ›Coralin‹, ›Muttertag‹, ›Scarlet Gem‹ und ›Starina‹. Einige dieser Buschrosen kann man vielleicht auch als Hochstammrosen mit einem kahlen Stamm erhalten, bei denen die Krone ca. 1 m über dem Boden steht.

Kletterrosen ranken mit einem Gerüst an der Hauswand hoch, an einem Zaun oder an der Pergola entlang. In den ersten Jahren müssen die langen Triebe angebunden werden. Die meisten Sorten blühen wiederholt vom Sommer bis zum Frühherbst. Bekannte Sorten sind ›Coral Dawn‹, ›Golden Showers‹, ›New Dawn‹, ›Schwanensee‹, ›Sympathie‹, ›Goldstern‹, ›Handel‹, ›Maigold‹ und ›Mermaid‹. Sie werden etwa 6 m hoch und so breit, wie man es ihnen gestattet.

Eine wichtige Gruppe sind die Strauchrosen (**85 d**), die einzeln oder in Gruppen gepflanzt werden, höher wachsen und mehrmals im Jahr blühen. Zu ihnen gehören ›Blossomtime‹, ›Dirigent‹, ›Elmshorn‹, ›Nymphenburg‹ und ›Schneewittchen‹, um nur einige zu nennen. Immer häufiger finden auch Park- und Wildrosen ihren Platz in einem der freien Landschaft angepaßten Garten. Sie werden in Gruppen zusammengestellt oder dienen als Abgrenzung und Hecke. Sie werden bis zu 2 m hoch und haben meistens dicht bestachelte Stämme. Viele Sorten treiben Ausläufer. Zu dieser Gruppe gehören *Rosa canina* (Hundsrose), *R. multiflora, R. pimpinellifolia* (Syn. *R. spinosissima*) (Bibernellrose), *R. rubiginaso* (Syn. *R. eglanteria*) (schottische Zaunrose), *R. virginiana, R. hugonis, R. omeyensis pteracantha.* Die Vermehrung erfolgt im Herbst durch 20–30 cm lange Stecklinge im Freien, es ist aber günstiger, die Pflanzen zu kaufen. Über das Schneiden siehe S. 47 und 48.

Anmerkung: Zur Zeit wird eine neue Klassifizierung der Rosen eingeführt, daher können in Katalogen die Gruppen entsprechend verändert sein.

Rosmarinus St, I

Rosmarin

Ein aromatischer Strauch, der für gemischte Beete oder mit einem Pflanzabstand von 60 cm für hübsche Hekken geeignet ist. Die langen, schmalen Blätter sind grün mit weißer Unterseite. Vom späten Frühling bis zum Herbst trägt er kleine Büschel röhrenförmiger, weißer, malvenfarbiger oder blaßblauer Blüten. Rosmarin braucht einen gut entwässerten Boden und einen sonnigen Standort. Am verbreitetsten sind die Varietäten von *Rosmarinus officinalis* (**86**), die ca. 1,5–2 m hoch und breit werden. Die Vermehrung erfolgt im Herbst durch 15–20 cm lange Stecklinge im Freien. Abgestorbene Zweige und zu dünne Triebe werden im späten Frühjahr herausgeschnitten.

Salix B, St, So

Weide

Eine schöne Gattung von Bäumen mit runden oder hängenden Kronen und von buschigen oder niederliegenden Sträuchern. Weiden wachsen schnell, brauchen viel Feuchtigkeit im Boden und einen sonnigen Standort. Die lanzettlichen Blätter sind grün oder graugrün. Im Frühjahr entstehen männliche und weibliche Blüten an getrennten Pflanzen. Die männlichen Blüten

sind hübsche, seidige, ovale Kätzchen, die weiblichen sind grün und unauffällig. Ein zusätzlicher Schmuck ist im Winter die oft schön gefärbte Rinde. Einige der vielen Formen sind *Salix alba, S. x chrysocoma* (**87**), *S. daphnoides, S. matsudana, S. repens* und *S. ›Wehrhahnii‹* und einige ihrer Varietäten. Die kleineren Arten werden etwa 80–250 cm hoch und breit. Die Vermehrung erfolgt im Winter durch 25–30 cm lange Stecklinge im Freien. Totes Holz wird entfernt; Sorten mit farbiger Rinde werden Ende des Winters kräftig zurückgeschnitten.

Sambucus, St, So
Holunder
Er gedeiht in jedem Boden an sonnigen oder leicht schattigen Standorten

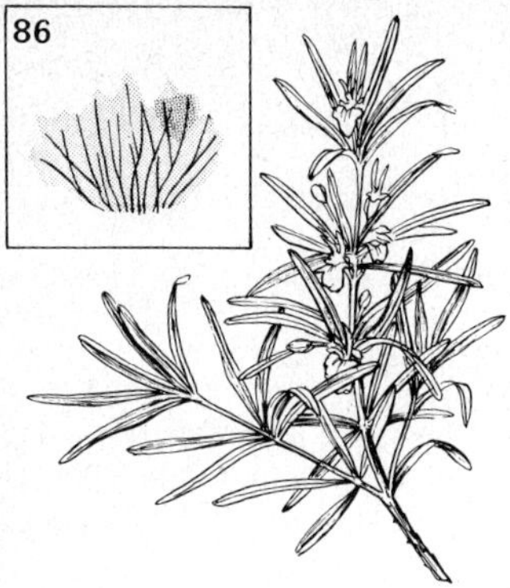

als Einzelstrauch. Die Blätter sind unpaarig gefiedert, mit manchmal gesägten, elliptischen Blättchen, die grün, gelb oder gemustert sein können. Im Sommer erscheinen weiße oder gelbe Blütendolden, gefolgt von blauen, schwarzen oder roten Beeren im Herbst. Es werden die drei Arten *Sambucus canadensis, S. nigra* und *S. racemosa* (**88**) und ihre Varietäten gepflanzt. Die Höhe und Breite beträgt 2–3 m. Die Vermehrung erfolgt zum Anfang des Winters durch 30 cm langes Steckreis im Freien oder durch 10 cm lange Sommerstecklinge im Frühbeet. Im Frühjahr werden die Büsche kräftig zurückgeschnitten, um neues Wachstum und intensive Laubfärbung zu fördern.

Santolina St, I
Heiligenpflanze, Zypressenkraut
Unempfindliche, kompakte, aromatische Zwergsträucher, die sich für Steingärten, Beeteinfassungen oder niedere Hecken (30 cm Pflanzabstand) eignen und in jedem Boden gedeihen, nur nicht an heißen, trocknen Standorten. Die Blätter sind meist silbergrau, gelegentlich grün und sehr fein gefiedert. Im Sommer erscheinen Büschel mit knopfähnlichen, leuchtendgelben Blüten. Meistens werden die drei Arten *Santolina chamaecyparissus* (**89**), *S. neapolitana* und *S. virens* und ihre Varietäten angepflanzt. Sie werden alle nicht einmal 1 m hoch und breit. Vermehrung erfolgt im Spätsommer durch 5–7,5 cm lange Stecklinge im Frühbeet. Nach der Blüte oder im Frühjahr muß man sie kräftig zurückschneiden, damit sich neue Triebe bilden. Hecken werden auf die gewünschte Form getrimmt.

Senecio St, I
Kreuzkraut
Hierzu gehören außer einjährigen, ausdauernden und sukkulenten Arten auch zwei Straucharten. Sie sind beliebte winterharte, silberblättrige, immergrüne Gewächse, die in gemischten Beeten oder als niedrige Hecken mit einem Pflanzabstand von 45 cm sehr hübsch aussehen. Sie gedeihen in jedem Boden, besonders in der Nähe

des Meeres, und bevorzugen sonnige oder leicht schattige Standorte. Die Blätter sind meist eiförmig, und im Sommer tragen sie gelbe, margeritenähnliche Blüten. Die zwei bekanntesten Arten sind *Senecio greyii* und *S. laxifolius* (**90**), die ca. 1–1,5 m hoch und breit werden. Vermehrung im Spätsommer durch 7,5–10 cm lange Stecklinge im Frühbeet. Zu dünne Triebe und abgeblühte Blütenköpfe werden entfernt. Hecken trimmt man, indem man abgeblühte Triebe nahe am Ansatz abschneidet.

Skimmia St, I
Skimmie
Winterharte, schwachwüchsige, immergrüne Sträucher, die in gut entwässertem, nahrhaftem Boden gedeihen und einen sonnigen oder leicht schattigen Standort bevorzugen, möglichst geschützt durch andere Pflanzen, damit junge Blätter keine Frostschäden erleiden. Die aromatischen, grünen Blätter sind lanzett- oder eiförmig. Im Frühling bilden sich die männlichen und weiblichen Blüten in der Regel an getrennten Pflanzen. Sie sind cremeweiß oder rosa, sternförmig, duftend und stehen in dichten Büscheln. Damit die Büsche im Herbst leuchtendrote Beeren tragen, braucht man männliche und weibliche Pflanzen, außer man wählt die Zwitterart *Skimmia reevesiana* (Syn. *S. fortunei*). Am häufigsten sieht man *S. japonica* (**91**) und ihre Varietäten. Die Höhe und Breite beträgt ca. 1–1,5 m. Die Vermehrung erfolgt im Sommer durch 7,5 cm lange Stecklinge im Frühbeet oder durch Herbstsaat im Frühbeet. Schneiden ist im allgemeinen nicht erforderlich.

Sorbus B, So
Eberesche
Anspruchsloser Einzelbaum für jeden Garten, der die meiste Zeit des Jahres durch farbige Blätter, Blüten oder Früchte auffällt. Er gedeiht in jedem Boden in Sonnen- oder leichter Schattenlage. Die Blätter sind eiförmig *(Sorbus aria)* oder unpaarig gefiedert mit lanzettförmigen oder ovalen Blättchen. Sie sind grün, oft mit grauer Unterseite, und färben sich im Herbst gewöhnlich gelb, orangen oder rotbraun. Die weißen oder cremefarbigen Blütendolden erscheinen im späten Frühling oder Frühsommer, gefolgt von lange haltbaren, roten, orangen, rosa, gelben oder weißen Beeren. Am häufigsten findet man *Sorbus aria* (Mehlbeere) und ihre Varietäten, aber auch die Varietäten und Hybriden von *S. aucuparia* (**92**), *S. cashmiriana, S. hupehensis, S. ›Joseph Rock‹, S. reducta* (Miniaturform für Stein- oder Heidegärten), *S. sargentiana* und *S. vilmorinii.* Die meisten werden ca. 6–10 m hoch und 3–4 m breit. Die Vermehrung erfolgt im Herbst durch Aussaat im Frühbeet, doch am besten kauft man neue Pflanzen. Ein Schnitt ist meistens nicht erforderlich.

Spiraea St, So
Spierstrauch
Eine anspruchslose Gattung dekorativer Sträucher für Beete oder Hecken (Pflanzabstand 60 cm). Sie gedeihen in jedem tiefen, nahrhaften Boden an sonnigen Standorten. Die Blätter sind grün, lanzettförmig oder oval und manchmal scharf gesägt. Die sternförmigen Blüten sind weiß, rosa oder karminrot und stehen in Dolden, Doldentrauben oder langen Rispen.

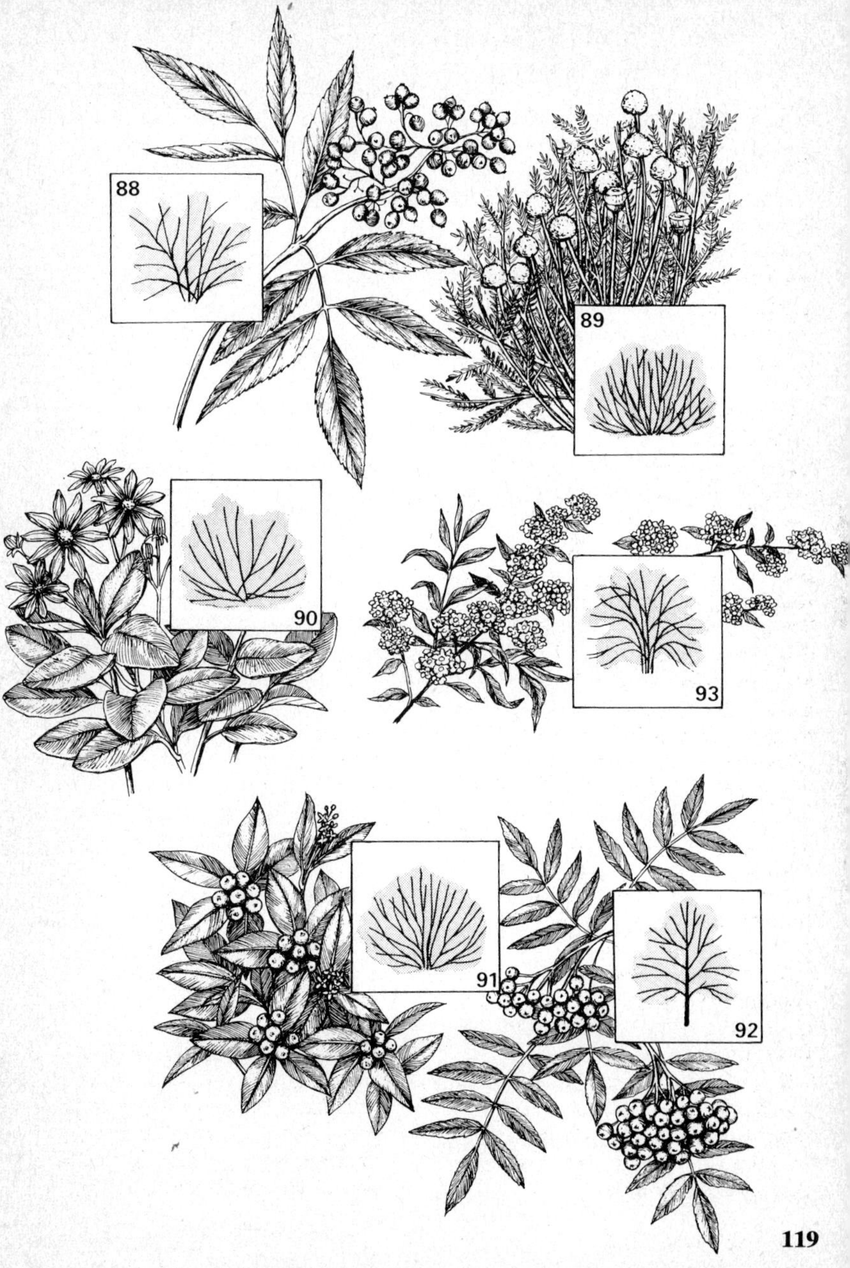
88
89
90
93
91
92

Je nach Sorte blühen die Büsche vom Frühjahr bis zum Spätherbst. Am häufigsten werden *Spiraea x arguta* (**93**), *S. bullata, S. japonica* und seine Varietäten, *S. x bumalda ›Anthony Waterer‹, S. menziesii ›Triumphans‹* sowie *S. thunbergii* gepflanzt. Sie werden ca. 1,5–2 m hoch und breit. Die Vermehrung erfolgt durch 10 cm lange Sommerstecklinge im Frühbeet, durch 20–30 cm lange Herbststecklinge im Freien oder durch Wurzelteilung. Nach der Blüte werden altes Holz und dünne Triebe entfernt und Hecken notfalls getrimmt.

Symphoricarpos
(Syn. Symphoricarpus) St, So
Schneebeere
Ganz anspruchslose Sträucher, die in jedem guten Boden an sonnigen oder leicht schattigen Standorten gedeihen und sich für Beete oder als Hecken mit 45 cm Pflanzabstand eignen. Die grünen Blätter sind oval oder fast rund. Mitte des Sommers bis zum Spätsommer blühen die Büsche. Die Blüten sind klein, glockenförmig, rosarot und stehen in Büscheln. Ihnen folgen große rosa, purpurrote oder weiße Beeren, die den ganzen Winter über am Strauch hängen. Am häufigsten sieht man *Symphoricarpos albus* (**94**), (Syn. *S. racemosus*) und seine Varietäten, *S. orbiculatus* und *S. x chenaultii* und seine Formen. Sie werden ca. 1,5 m hoch und ebenso breit oder noch breiter. Die Vermehrung erfolgt im Winter durch Umpflanzen der sich reichlich bildenden verwurzelten Wildtriebe oder durch 20 cm lange Winterstecklinge im Freien. Im Winter wird unerwünschtes Holz herausgeschnitten; Wildtriebe müssen entfernt werden. Hecken werden im Sommer, falls nötig, gestutzt.

Syringa B, St, So
Flieder
Hübsche, im späten Frühjahr blühende Bäume (Hochstamm mit ca. 1 m Stammhöhe) oder Sträucher für Beete, Abgrenzungen oder Hecken (Pflanzabstand 2–3 m). Die Blätter sind herzförmig oder fast rund und mittelgrün. Die verschiedenen Sorten haben trichterförmige, einfache oder doppelte Blüten in vielen Farbschattierungen. Sie stehen in aufrechten, lockeren Rispen. Die meisten duften intensiv. Flieder gedeiht in gutem Boden an sonnigen Standorten. Im ersten Jahr nach dem Pflanzen schneidet man die Blütenknospen heraus, damit er mehr Kraft für die Wurzelbildung hat. Am häufigsten werden die vielen Varietäten von *Syringa vulgaris* (**95**), die Arten *S. chinensis* und *S. persica,* und *S. x prestoniae* (Kanadische Hybride) gepflanzt, die alle ca. 1,5–3 m hoch und 1–1,5 m breit werden. Zwei kleinere Arten sind *S. microphylla* und *S. velutiva.* Sie werden ca. 1,5 m hoch und 80 cm breit. Man kann sie im Sommer durch 7,5–10 cm lange Stecklinge im Warmen oder durch pfropfen vermehren, doch der Kauf neuer Pflanzen ist mehr zu empfehlen. Abgestorbene Blütenstände und unerwünschte Äste werden entfernt.

Tamarix St, So
Tamariske
Eine Gattung von Sträuchern, die sich besonders als Windschutz oder Hekken (60 cm Pflanzabstand) in windigen Küstenregionen bewähren. Sie gedeihen in jedem kalkfreien Boden und

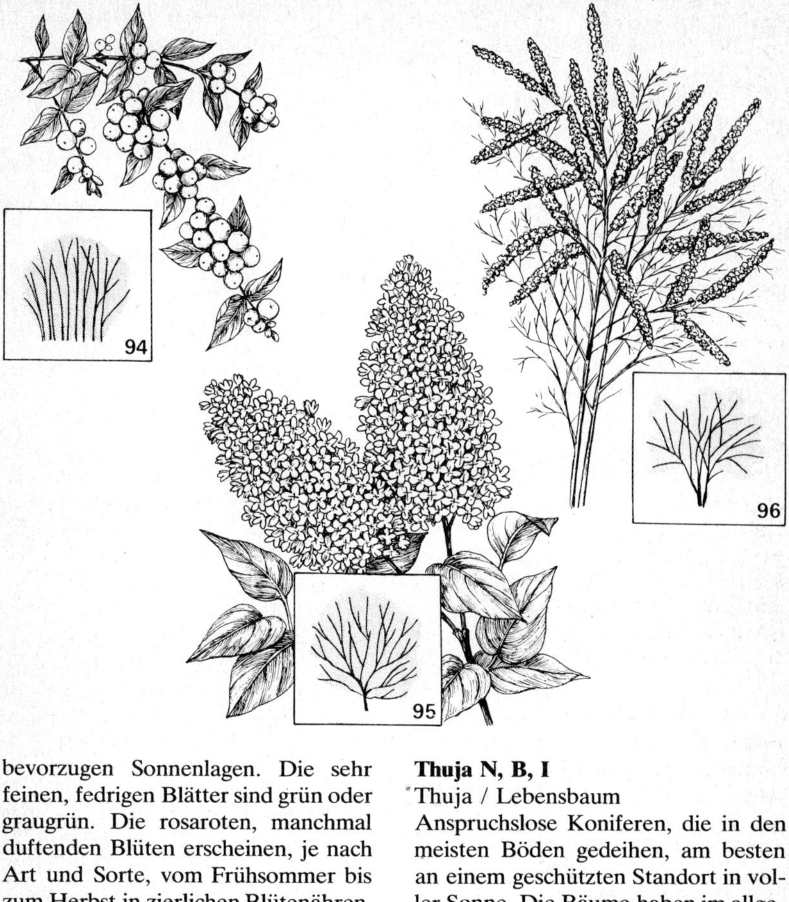

bevorzugen Sonnenlagen. Die sehr feinen, fedrigen Blätter sind grün oder graugrün. Die rosaroten, manchmal duftenden Blüten erscheinen, je nach Art und Sorte, vom Frühsommer bis zum Herbst in zierlichen Blütenähren. Angepflanzt werden *Tamarix gallica, T. pentandra* (**96**), (Syn. *T. hispida aestivalis*) und ihre Varietäten und *T. tetrandra.* Sie werden etwa 3 m hoch und 2 m breit. Die Vermehrung erfolgt im Herbst durch 30 cm lange Stecklinge im Freien. Man schneidet *T. gallica* und *T. pentandra* im Winter, *T. tetrandra* nach der Blüte kräftig zurück, damit sie buschig bleiben.

Thuja N, B, I

Thuja / Lebensbaum

Anspruchslose Koniferen, die in den meisten Böden gedeihen, am besten an einem geschützten Standort in voller Sonne. Die Bäume haben im allgemeinen eine säulenartige oder runde Form, und die in unterschiedlichen Schattierungen von grün, gelb und sogar purpurn vorkommenden Blätter sind dicht und schuppenförmig. Sie entwickeln kleine, urnenförmige Zapfen von gelblich-brauner Farbe. Es werden die drei Arten *Thuja occidentalis, T. orientalis* und *T. plicata* (**98**) angeboten, die 15–40 m hoch und 6 m breit werden können. Es gibt jedoch auch viele kleinere Sorten, in Größen von 2 m bis hinunter zu 30 cm, die als Einzelbäume, für Hecken (60 cm Pflanzabstand), für Stein- oder Heidegärten und als Kübelpflanzen geeignet sind. Da die Vermehrung schwierig ist, empfiehlt sich der Kauf neuer Pflanzen. Außer dem Schneiden der Hecken und Entfernen der Triebspitzen für einen buschigen Wuchs ist ein Schnitt nicht erforderlich.

Viburnum St, I, So
Schneeball
Eine nützliche Strauchergattung für jeden Garten. Die Pflanzen gedeihen in jedem Boden und bevorzugen volle Sonne. Wenn man die entsprechenden Arten und Varietäten aussucht, sorgen sie das ganze Jahr hindurch für Farbe und Schönheit. Die grünen Blätter sind gewöhnlich oval, manchmal lanzettförmig, einige färben sich im Herbst bunt. Die Blüten sind röhrenförmig, weiß oder rosa, und stehen in dichten Bällen zusammen. Je nach Sorte blühen die Büsche im Frühjahr oder Frühsommer. Einige produzieren im Herbst blaue, rote, schwarze oder gelbe Beeren. Gute frühblühende Arten sind *Viburnum x bodnantens* (So), *V. fragrans* (Syn. *V. farreri*) (So) und *V. tinus* (*Laurustinus,* I) und ihre Hybriden und Varietäten. Im Frühjahr blühen. *V. burkwoodii* (I), *V. x carlcephalum* (So), *V. carlesii* (So), *V. opulus ›Sterile‹* (der Schneeballbusch) und *V. tomentosum* (So) und einige ihrer Varietäten und Hybriden. Herbstbeeren oder buntes Laub oder beides bieten *V. davidii* (I), *V. henryi* (I), *V. lantana* (So) und *V. opulus* (**99**, So) und ihre Varietäten. Die meisten werden 1–3 m hoch und 1–2 m breit. Die Vermehrung erfolgt im Frühherbst durch 7,5–10 cm lange Stecklinge im Frühbeet oder durch Absenken im Frühherbst. Wenn nötig, werden immergrüne Arten im späten Frühjahr und laubabwerfende Arten nach der Blüte zurückgeschnitten.

Vinca St, I
Immergrün
Sehr praktische, kriechende, immergrüne Sträucher, die sich sowohl als Bodendecker wie für Einfassungen, schattige Standorte und »verwilderte« Gartenteile eignen. Sie gedeihen in jedem gut drainierten Boden im Halb- oder Vollschatten. Die Blätter sind oval oder lanzettförmig, grün oder grün-gelb und weiß gemustert. Die Blüten sind röhrenförmig bis flach, blau, purpurn, malvenfarbig oder weiß und erscheinen in Abständen vom späten Frühjahr bis zum Frühherbst. Die zwei bekanntesten Arten sind *Vinca major* (**100**), mit 15–30 cm Höhe und unbegrenzter Breite, und *V. minor,* Höhe 5–10 cm, Breite ebenfalls unbegrenzt. Von beiden gibt es einige Varietäten. Die Vermehrung erfolgt durch Teilung im Winter. Schneiden ist nur erforderlich, wenn man die Ausbreitung eindämmen möchte.

Vitis Kl, So
Weinrebe
Sie wird hauptsächlich wegen der herrlichen Herbstfärbung ihrer großen, grob gesägten ovalen oder drei- bis fünflappigen, gegenständigen Blätter ausgewählt. Das junge Blattwerk ist dunkelgrün. Nach unbedeutenden, duftenden, weißen Blütenständen im Frühsommer entstehen schwarze, pur-

97

98

99

100

101

102

103

purne oder rote »Trauben«. Die Weinrebe eignet sich vor allem als Kletterpflanze an Wänden, Bögen, alten Bäumen oder Spalieren, an denen sie selbständig hochrankt. Meist werden *Vitis coignetiae* und *V. vinifera* (**101**) und ihre Varietäten gepflanzt, die etwa 5–6 m hoch ranken und sich so weit ausbreiten, wie man es ihnen gestattet. Die erste Art vermehrt man durch Absenken im Herbst, die zweite im Sommer durch 10–15 cm lange Stecklinge im Warmen. Um das Breitenwachstum zu fördern, schneidet man junge Pflanzen nach dem Einsetzen auf 30 cm Höhe zurück. Später dünnt man die Triebe gegebenenfalls aus und schneidet Seitentriebe im Spätsommer zurück.

Weigela (Syn. Diervilla) St, So
Weigelie
Verläßliche, sommerblühende Sträucher, die einen gut entwässerten, nahrhaften Boden und sonnige oder leicht schattige Standorte brauchen und für Beete, zur Pflanzung vor Wänden und Zäunen, als Einfassung oder niedere Abtrennung geeignet sind. Die eiförmigen Blätter sind meist grün, manchmal jedoch purpurn oder grün-gelb gemustert. Im Frühsommer erscheinen Blütenstände mit röhrenförmigen rosa oder roten Blüten. Am häufigsten werden *Weigela florida* (**102**) und ihre Varietäten angebaut. Die Höhe und Breite beträgt 1,5–2 m. Die Vermehrung erfolgt im Frühsommer durch 7,5–10 cm lange Stecklinge im Frühbeet oder im Herbst durch 30 cm lange Stecklinge im Freien. Alljährlich schneidet man nach der Blüte einige alte Stämme kräftig zurück.

Wisteria (Syn. Wistaria) Kl, So
Glyzine
Sehr beliebte Kletterpflanzen für Wände, Zäune, Bäume, Bögen, Pergolen. Sie gedeihen in jedem Boden, sofern sie einen sonnigen Standort haben. Die blaßgrünen oder mittelgrünen Blätter sind unpaarig gefiedert mit vielen, manchmal silbrig schimmernden Blättchen. Im späten Frühjahr und Frühsommer erscheinen – meist noch vor den Blättern – malvenfarbige, violette, rosa oder weiße, manchmal duftende Blüten in langen hängenden Trauben. Am häufigsten sieht man *Wisteria floribunde, W. sinensis* (**103**) und *W. venusta* und ihre Varietäten. Sie können 4–30 m hoch werden, die Breite hängt von der Erziehung ab. Die Vermehrung erfolgt durch Absenken oder 7,5–10 cm lange Sommerstecklinge im Warmen. Im Sommer schneidet man Seitentriebe auf ca. 15 cm Länge zurück und entfernt unerwünschte Triebe.

Register

Deutsche Namen